Schätze der indischen Küche

Schätze der indischen Küche

Mridula Baljekar

Mit Fotografien von Jon Whitaker

UMSCHAU :

First published in Great Britain in 2009 by Aquamarine, an imprint of
Anness Publishing Ltd, Blaby Road, Wigston, Leicestershire LE18 4SE

© Anness Publishing Ltd 2009
Titel der Originalausgabe »Regional Cooking of India«

© 2011 Neuer Umschau Buchverlag GmbH, Neustadt an der Weinstraße
für die deutsche Ausgabe
Besuchen Sie uns im Internet: www.umschau-buchverlag.de

Lektorat und Übersetzung der Rezepttexte: Vanessa Herzog,
Neustadt an der Weinstraße
Übersetzung der sonstigen Texte: Diana Bürgel, Hondingen
Satz, Umschlaggestaltung und Herstellung: Birgit Wucher,
Neustadt an der Weinstraße
Druck und Verarbeitung: Firmengruppe APPL
aprinta druck GmbH & Co. KG, Wemding

Printed in Germany
ISBN: 978-3-86528-732-8

Für die englische Ausgabe
Publisher: Joanna Lorenz
Editorial Director: Helen Sudell
Project Editors: Catherine Stuart, Melanie Hibbert
Desk Editor: Barbara Toft
Designer: Gabriella Le Grazie
Photography: Jon Whitaker
Food Stylist: Joy Skipper
Prop Stylist: Penny Markham
Proofreading Manager: Lindsay Zamponi
Production Controller: Claire Rae
Abbildung auf der vorderen Umschlagseite: Bilahir Oambal,
Rezept Seite 62
Abbildungen auf der hinteren Umschlagseite (von links nach rechts):
Rogan Josh, Rezept Seite 37; Kela Na Sambhariya, Rezept Seite 152;
Khubani ka Meetha, Rezept Seite 110; Kathi Roll, Rezept Seite 72

Hinweis

Die in diesem Buch angegebenen Löffelmaße beziehen sich auf
gestrichene Standardlöffel, das heißt:
1 Esslöffel (EL) = 15 ml
1 Teelöffel (TL) = 5 ml

Soweit nicht anders angegeben werden in den Rezepten mittelgroße
Eier verwendet.

Die Nährwertangaben der Rezepte beziehen sich jeweils, sofern nicht
anders angegeben, auf eine Portion. Variieren die Portionsangaben
(z. B. 4–6 Portionen), beziehen sich die Nährwertangaben auf die
kleinere Portionsmenge.
Alle Angaben und Ratschläge in diesem Buch sind von den Autoren und
dem Verlag sorgfältig recherchiert und geprüft, dennoch kann eine
Garantie nicht übernommen werden. Eine Haftung für Personen-, Sach-
und Vermögensschäden ist ausgeschlossen.

Inhalt

Indiens Küche

Die indische Küche zählt wohl zu den beliebtesten weltweit. Farbenfrohes Gemüse in aromatischen Saucen, zartes Fleisch, Geflügel und Fisch, pikant zubereitete Bohnen und Linsen und natürlich eine unglaubliche Gewürzvielfalt bilden die Grundlage für kulinarische Abenteuer, die den Körper wärmen und den Geist beruhigen. Die traditionelle indische Küche bietet nicht nur sagenhafte Aromen, sie ist darüber hinaus auch noch äußerst gesund und legt größten Wert auf die Frische der Zutaten, von denen einigen sogar eine heilende Wirkung zugesprochen wird.

Indien, dieses gewaltige und lebendige Land, beschwört magische und romantische Vorstellungen herauf. Es ist ein geschichtsträchtiges Land mit reger Vergangenheit, ein Land, das mächtige Reiche kommen und gehen sah.

Exotische Gewürze werden in Indien bereits seit Jahrhunderten angebaut, und die daraus mit Sorgfalt zusammengestellten Mischungen lassen all die köstlichen Geschmacksnuancen und Aromen unzähliger Gerichte entstehen, für die das Land so berühmt ist.

Indien ist schon seit Langem als die Gewürzschatzkiste der Welt bekannt. In dem sonnenverwöhnten, von den Wassern des Monsuns genährten Land gehörte der Einsatz von Gewürzen höchster Qualität schon zum alltäglichen Leben, lange bevor die ersten Händler dort ankamen. Zu jenen, die von den kostbaren Gewürzen des Landes angelockt

wurden, gehörten auch Araber, Briten, Niederländer, Portugiesen und Spanier.

Reisende aus fremden Ländern brachten neue Impulse in die indische Küche, die bis heute spürbar sind. Der Norden wird noch immer von der mogulischen Küche geprägt, während es im Osten angloindische und stammesspezifische Einflüsse gibt. Im Süden haben syrische Juden und französische Händler ihre Kochtraditionen weitergegeben und Westindien wurde portugiesischen und persischen (parsischen) Eindrücken ausgesetzt. Das Ergebnis ist eine reiche, bunte und multidimensionale Küche mit einer Rezeptvielfalt, die weltweit ihresgleichen sucht.

Wie die eindrucksvolle Landschaft, so unterliegt auch die kulinarische Tradition den geografischen und klimatischen Bedingungen. Da es keine Möglichkeit gab, Frischwaren über die enormen Entfernungen zu transportieren,

lernten die Köche, das Beste aus jenen Zutaten zu machen, die ihnen lokal zur Verfügung standen.

Reis und Brot sind die Grundnahrungsmittel Indiens. Fleisch und Fisch werden in geringen Mengen gereicht, eingerahmt von appetitlichen Beilagen wie Pickles, Chutneys und Salaten. Frische Kräuter und Chilis, Joghurt oder Sojasauce reichern die verführerischen Gerichte an. Viele der Zutaten, die man in diesen Rezepten findet, sind bekannt für ihre Heilkräfte. In Currys sind beispielsweise Knoblauch und frische Ingwerwurzel unerlässlich. Knoblauch kann die Heilung von Herzerkrankungen unterstützen und Ingwer gegen Magengeschwüre helfen.

Der besondere Reiz der indischen Küche liegt in ihrer Vielfalt. Verschiedene Regionen und Traditionen haben unterschiedliche Spezialitäten hervorgebracht und die entsprechenden Rezepte wurden durch Generationen hindurch weitergegeben. Obwohl die Chilischote vielen indischen Gerichten reichlich Schärfe verleiht, gibt es auch milde Speisen. Eine Menge der bekanntesten Regionalrezepte, die wir genießen, stammen aus dem Norden Indiens. Kofta-, milde Korma- und Tandoori-Gerichte gehören dazu. Die Kochkunst der Balti, die zur kaschmirischen Küche aus dem heutigen Norden Pakistans gehört, ist wunderbar aromatisch, ohne durch den intensiven Gebrauch von Chili allzu scharf zu sein. Die feurigsten Gewürzmischungen, wie zum Beispiel das berühmte Vindaloo, stammen aus Westindien. Im Osten und Süden des Landes ist die Kokosnuss eine wichtige Zutat sowohl für süße als auch herzhafte Gerichte

Frischwaren wie Kräuter und Gemüse sind wichtige Zutaten und werden auf dem Markt verkauft.

Die im Lehmofen gebackenen Tandoori-Gerichte stammen ursprünglich aus dem Norden Indiens, doch ihre Aromen genießt man heute weltweit.

Eine typische vegetarische indische Mahlzeit aus Kerala in Südindien, bestehend aus mehreren kleinen Gerichten.

Die Balti-Küche hat ihren Namen von der tiefen Pfanne mit schwerem Boden, in der die Gerichte traditionell zubereitet und serviert werden.

und nicht zu vergessen natürlich für köstlich cremige Saucen. In die westindischen Rezepte fließen auch Milchprodukte wie Joghurt und Buttermilch mit ein und die Gerichte werden typischerweise von allerlei ungewöhnlichen Pickles begleitet. Da die südindische Küche vorwiegend vegetarisch ist, herrscht dort wirklich kein Mangel an verlockenden fleischfreien Rezepten, die auf Nüssen, Bohnen, Erbsen und Linsen basieren und deftige und nahrhafte Mahlzeiten ergeben, die sowohl Vegetariern als auch Fleischessern schmecken.

Dieses Buch ist in regionale Abschnitte eingeteilt, in denen jeweils das Beste aus den verschiedenen indischen Küchen vorgestellt wird, von Suppen und Appetitanregern über Fisch und Meeresfrüchten, Fleisch und Geflügel bis hin zu vegetarischen Gerichten. Außerdem beinhaltet es eine Reihe von Beilagenrezepten für Salate, Chutneys und Relishes, aber auch für Brot, Desserts und Getränke — eigentlich für einfach alles, was man braucht, um eine perfekte Mahlzeit zu zaubern, egal ob für ein einfaches Abendessen oder eine aufwendige Dinnerparty für Freunde und Familie.

Ein indisches Essen eignet sich dank seiner zahlreichen Beilagen perfekt für ein gemütliches Beisammensein mit Familie und Freunden.

Viele der Rezepte sind schnell und mit einfachen Würzmischungen zuzubereiten, während andere nach einem etwas vielseitigerem Gewürzschränkchen verlangen, das auch einige der weniger bekannten Zutaten, wie Mangopulver (Amchur) und gepresste Tamarinde enthält. Heutzutage findet man die meisten dieser Spezialzutaten bequem im Super- oder Biomarkt. Frische Kräuter wie Koriander gibt es in asiatischen Lebensmittelläden günstig und gleich bundweise. In diesen Geschäften bekommen Sie außerdem große Beutel mit

ganzen Gewürzen, die einen reichen Vorrat bilden, um all Ihre Lieblingsgerichte nach Lust und Laune zu verfeinern. Außerdem sind diese Beutel ideal, wenn Sie regelmäßig pikant kochen.

Ein Großteil der kulinarischen Fertigkeiten und Erfahrungen, die heute weltweit eingesetzt werden, wurden ursprünglich in Indien entwickelt und diese wunderbare Sammlung unkomplizierter Rezepte zeigt die Glanzlichter der regionalen indischen Küche.

Ein Land der Kontraste

Die Unterschiede in den modernen indischen Regionalküchen mögen vielleicht nicht mehr so gravierend sein wie einst, aber sie bestehen doch fort in einem Land mit derart unerschütterlichen landwirtschaftlichen und kulinarischen Traditionen. Indien ist ein unglaublich vielseitiges Land, sowohl in geografischer als auch in klimatischer Hinsicht. Hier gibt es alles, von den mächtigen schneebedeckten Bergen des Himalajas im hohen Norden über die herrlich fruchtbaren Ebenen des Indus und des Ganges bis zu den trockenen Wüsten Rajasthans.

Der raue Norden

Die Staaten Himachal Pradesh, Jammu, Kaschmir, der Punjab und Uttar Pradesh bilden den Norden Indiens. Die höchste Bergkette der Welt, der Himalaja, erstreckt sich majestätisch vom wilden Nordwesten zum Fluss Brahmaputra im Osten. Die Täler des Himalajas sind bekannt für den Anbau von exquisitem Basmatireis und Zuckerrohr.

Die eindrucksvollen Berge stehen in atemberaubendem Kontrast zu den üppig-grünen Tälern mit ihren Seen, durch die der mächtige Indus fließt. Rezepte, die auf Lammfleisch oder delikaten Flussfischarten beruhen, sind die Lieblinge des Nordens. Die Bäume biegen sich unter ihrer Last aus süßen Pflaumen, saftigen Pfirsichen, tiefroten Kirschen, knackigen Mandeln und kernigen Walnüssen, die beständig in vielerlei süßen und herzhaften Gerichten der nördlichen Regionen zu finden sind.

Der tropische Süden

Denkt man an Südindien, sieht man Kokospalmen, goldene Strände und eine fruchtbare tropische Landschaft vor sich. Die Staaten Andhra Pradesh, Tamil Nadu, Karnataka und Kerala bilden den Süden Indiens. Jeder dieser Staaten verfügt über ein reiches kulturelles Erbe und jeder hat seine ganz eigenen kulinarischen Traditionen hervorgebracht.

Das üppig-grüne und fruchtbare Dekkan-Plateau im Süden wird von zwei großen Flüssen genährt. In Karnataka ist die Landschaft vielseitig, mit anmutigen Sandstränden, rauen Bergen, gewundenen Flüssen und grünen Kaffeeplantagen. Andhra Pradesh wird wegen der mannigfaltigen Reissorten, die hier in Hülle und Fülle angebaut werden, „Kornspeicher des Südens" genannt. Außerdem ist der Staat für seine Chiliernte bekannt. Zu den hier angebauten Sorten gehören auch die feurig roten Guntur-Chilis, die für ihre Schärfe berühmt sind. Kerala ist der kleinste indische

Früchte und Gemüse an einem Marktstand in Südindien.

Staat und ein Land von überbordender Schönheit. Hier findet man von den Regenfällen des Monsuns genährte Flüsse, verwunschene Flussauen und herrliche Lagunen.

Fisch, Meeresfrüchte und Kokosnüsse gibt es hier im Überfluss und diese Zutaten stehen bei vielen der lokalen Lieblingsrezepte im Vordergrund. Keralas meistgeschätzte Besonderheit sind seine sagenhaften Gewürzplantagen.

Landstriche des Ostens

In den ostindischen Staaten findet man die verblüffendsten Kontraste des ganzen Subkontinents. Hier erstrecken sich nicht nur die Gangesebenen, sondern auch die östlichen

Vertäute Boote in einem stillen Nebengewässer im schönen Kerala im Süden Indiens.

Ausläufer des Himalajas, wo Darjeeling mit seinen hügligen Teeplantagen und die fischreichen Flüsse von Sikkim und Bhutan liegen. Westbengal ist reich an Naturschätzen, wie Jute, Tee, Kohle und Eisen, und das kulturelle Erbe in diesem Gebiet ist breit gefächert. In Ostindien gedeihen üppige Reisfelder, hier werden etwa 30 Prozent der gesamten Reisernte des Landes angebaut. Außerdem wimmelt es im Golf von Bengalen nur so von Fischen.

Der hügelige Nordosten

Der Nordosten Indiens ist ein weites Gebiet, das aus sieben Staaten besteht, darunter auch Assam und Sikkim, deren jeweilige Kulturen und Traditionen weiterhin lebendig sind. Hier wird hauptsächlich Reis, Tee und Kurkuma angebaut, doch darüber hinaus hat die Region durch die Produktion ihrer exquisiten Seide hohes Ansehen gewonnen. Die Hügelstaaten haben ihre eigene Küche entwickelt, die reich an Fleischgerichten ist. Viele Frucht- und Gemüsesorten werden hier angebaut und frisch gegessen oder für den Winter getrocknet.

Das Landesinnere

Zentralindien (Madhya Pradesh) wird liebevoll „das Herz Indiens" genannt. Seine malerischen Hügelketten säumen die Gangesebene, die schwarze Vulkanerde ist äußerst fruchtbar und in den dichten Wäldern leben viele Wildtiere. In diesem Gebiet gibt es keine typisch regionale Küche, die kulinarischen Gewohnheiten werden stark von den Nachbarstaaten beeinflusst, darunter Gujarat, Rajasthan und Bihar.

Die Westküste

Die Staaten Rajasthan, Maharashtra, Gujarat und Goa bilden den Westen Indiens. In dieser Region gibt es eine atemberaubende Vielfalt der Landschaften. Hier gibt es Wattenmeere, steil abfallende Schluchten, idyllische Sandstrände und das Tiefland an den Küsten, wo Kokospalmen und Reisfelder einen überwältigenden Anblick bieten. Weizen, Baumwolle, Bananen, Sorghum, Hirse und Reis werden flächendeckend im Landesinneren angebaut. An

Indien erstreckt sich vom angrenzenden Afghanistan im hohen Norden bis nach Sri Lanka im Süden.

Die ostindische Region Darjeeling ist für ihre ertragreichen Teeplantagen bekannt.

der Küste sind Fisch und Meeresfrüchte die Haupterzeugnisse. Auch Kokosmilch, Kokosöl und Erdnussöl werden hier produziert und gehören ganz alltäglich zur regionaltypischen Küche. Der Fürstenstaat Rajasthan, ein trockener Landstrich an der Grenze zu Pakistan, brachte eine lukullisch königliche Kochkunst hervor. In Gujarat und Maharashtra wird hauptsächlich vegetarisch gekocht, während Goa eine ganz eigene kulinarische Tradition pflegt – eine Mischung zwischen Ost und West.

Geschichte, Religion und Feste

Indien ist ein großes Land mit einer Gesamtbevölkerung von etwa 1,5 Milliarden Menschen. Die Vielfältigkeit des Klimas, der Geografie und der Bräuche hat die indischen Kochgewohnheiten nachhaltig geprägt. Auch Geschichte und Religion trugen ihren Anteil an der kulturellen und kulinarischen Entwicklung und der Ausprägung der Essgewohnheiten bei. All diese Einflüsse haben die Küche des Landes zu einer der buntesten und exotischsten der Welt gemacht.

Die Einwanderer und ihr Einfluss

Im Norden kamen Nomadenstämme, Pilger und Händler über den Chaiber-Pass nach Indien und brachten ihre eigenen Kochgewohnheiten mit, was die indische Küche nachhaltig beeinflusste. Über denselben Pass fielen während des 16. Jahrhunderts auch die mächtigen persischen Mogulen in Indien ein. Sie regierten das Land viele Jahre lang, was ihrer kunstvollen und hoch entwickelten Küche ausreichend Gelegenheit gab, nicht nur in Indien, sondern auch darüber hinaus sehr beliebt zu werden. Dank der bunten Produktpalette entwickelten sich hier reichhaltige und geschmackvolle Gerichte.

Der indische Westen geriet unter den Einfluss von Flüchtlingen aus dem frühen Persien, die ihr Land aus Angst vor religiöser Verfolgung verlassen mussten. Sie landeten in der Provinz von Gujarat und wurden als die „Parsen" bekannt. Der Beitrag der Parsen zur indischen Küche ist schlicht unschätzbar. Sie kombinierten die traditionell vegetarischen Gerichte Gujarats mit Fleisch und entwickelten so eine einzigartig aromatische Esskultur.

Während des späten 15. Jahrhunderts kamen abenteuerlustige portugiesische Händler auf der Suche nach Gewürzen und anderen kostbaren Handelswaren nach Indien und ließen sich an der Westküste nieder. Die Portugiesen herrschten 400 Jahre lang in Goa. In dieser Zeit trugen sie erheblich zur Entwicklung der Esskultur dieser Region bei. Sie hinterließen bestimmte Geschmacksvorlieben, die sich noch heute in der bunten und exotischen Küche Goas widerspiegeln.

Die kulinarischen Traditionen des indischen Ostgürtels sind grundverschieden. Die einheimische Kost ist bengalischen Ursprungs. Fisch und Reis sind die Grundnahrungsmittel, auf denen die vielfältigen, unverwechselbar aro-

Das wunderschöne Taj-Mahal-Mausoleum wurde von dem Mogul-Kaiser Shah Jahan im Gedenken an seine Lieblingsfrau errichtet.

matischen Gerichte basieren. Außerdem sind die Einflüsse der tibetischen Kochkunst in dieser Region noch immer spürbar, und auch das Erbe der Briten, die dieses Gebiet während der frühen Tage der britischen Kolonialherrschaft bewohnten, als Kalkutta noch die Landeshauptstadt war, ist als angloindischer kulinarischer Einschlag bis heute lebendig.

Auch der Süden Indiens bietet eine unnachahmliche Esskultur, die aber deutliche regionale Unterschiede zeigt. Die wunderschöne, palmengesäumte Malabarküste hat über die Jahrhunderte viele fremde Mächte angelockt. Zuerst kamen die Araber, dann die Römer, die Chinesen, die Portugiesen und schließlich die Briten hierher. Diese Immigranten ließen sich in späteren Jahren in ganz

Indien nieder und mischten kräftig beim Gewürzhandel mit.

In Kerala findet man noch heute einige jüdisch beeinflusste Gerichte wie zum Beispiel gewürzten Fisch. Dies ist den Juden zu verdanken, die über Syrien nach Indien kamen.

Religiöse Einflüsse

Indien ist das Land der vielen Religionen: Hinduismus, Islam, Christentum, Jainismus, Buddhismus und Sikhismus sind hier vertreten. Die Religiosität hat großen Einfluss auf die indischen Essgewohnheiten. Hinduismus und Islam sind am weitesten verbreitet. In diesen Glaubensgemeinschaften gibt es gewisse Restriktionen. So dürfen Hindus beispielsweise kein Rindfleisch essen, da die Kuh als Begleiterin Krishnas verehrt wird, was sie zu einem heiligen Tier macht. Der Koran verbietet den Muslimen, Schweinefleisch zu essen und Alkohol zu trinken. Die Heilige Schrift der Sikhs, das Guru Granth Sahib, untersagt den Verzehr von Rindfleisch und Alkohol. Sikhismus, Jainismus und Buddhismus sind aus dem Hinduismus hervorgegangen und haben daher einige der kulinarischen Gebräuche und Beschränkungen übernommen. Allerdings weisen diese Religionen auch etliche unterscheidende Merkmale auf.

Im Hinduismus wird jede Gottheit als Schutzpatron eines bestimmten Berufsstandes oder Gewerbes verehrt. So huldigt etwa ein Bauer dem Sonnengott und dem Gott des Regens. Jeder Gott hat der Sage nach ein eigenes Lieblingsgericht, welches der Bauer als Opfergabe zubereitet, um mit einer reichen Ernte belohnt zu werden.

Festtagsessen

Die schiere Menge unterschiedlicher religiöser Zugehörigkeiten in Indien hat uns eine enorme Vielfalt spezieller Gerichte und Rezepte beschert. Festtage haben eine große Bedeutung und es gibt dreizehn wichtige religiöse Feiern im Jahr. Jeder dieser Festtage gehört zu einer anderen Religion und an jedem werden individuelle Speisen aufgetischt, die auf religiösen Traditionen beruhen. Allerdings bestimmt nicht nur dieser Aspekt die Feiertagsküche. Die Feste sind zudem eng mit der jeweiligen Jahreszeit und den Feldfrüchten verbunden, die gerade reifen oder frisch geerntet wurden.

Muslime fasten jährlich einen Monat lang während des Ramadans, dessen Abschluss mit dem Jd-ul-Fitr-Fest gefeiert wird. Der indische Festtagstisch biegt sich unter der Last delikater Pilaws, Biryanis, jeglicher Sorten von Kebab und Brotspezialitäten.

Das Lichterfest Diwali wird in ganz Indien von Hindus, Jainisten und Sikhs gefeiert. Während des Diwali werden Früchte und Süßigkeiten an Freunde und Verwandte verschenkt, um den Sieg des Guten über das Böse und den Triumph des Lichts über die Dunkelheit zu feiern. Feuerwerke erhellen den Nachthimmel im Zeichen dieses Freudenfestes.

Eine Hinduistin während des Chhath-Festes in Kolkata. Dies ist einer der wichtigsten Feiertage in den nordöstlichen Staaten Uttar Pradesh und Bihar.

Junge Frauen tragen Öllampen am Abend des Diwali, dem hinduistischen Lichterfest. Überall auf der Welt entzünden Hindus solche Lampen, um den Sieg des Guten über das Böse zu symbolisieren.

Regionale Kochkunst

Ob nun die im Lehmofen gebackenen Tandoori-Gerichte des Nordens oder die mit Kokos verfeinerten Speisen des Südens, die Unterschiede in den Gerichten liegen in den klimatischen und geografischen Unterschieden begründet, von denen abhängt, welche Zutaten verfügbar sind. Und trotzdem gibt es auch viele Gemeinsamkeiten, beispielsweise den Gebrauch von Gewürzen wie Kardamomkapseln, Kreuzkümmel, Koriander, Ingwer und scharfen Chilis.

Ein Bäcker aus Mumbai präsentiert ein Tablett, auf dem sich frisch zubereitetes Naan stapelt.

Ländliche Küche

In den ländlichen Teilen Indiens, wo Transport- und Kommunikationsmittel nicht so verfügbar sind wie in den städtischen Gebieten, verwerten die Menschen vor allem das, was in ihrer unmittelbaren Umgebung wächst. Für indische Familien sind Linsen, Erbsen und frisches Gemüse sehr wichtig. Sie werden hier täglich gekocht und serviert, angereichert mit einer kleinen Portion Fleisch, Geflügel oder Fisch. Chapatis oder andere Backwaren liefern reichlich Ballaststoffe, während Reis den täglichen Bedarf an Kohlenhydraten deckt und die Bauern und Fischer mit genügend Energie für die Arbeit im Freien versorgt.

Stadtleben

Weite Entfernungen trennen die wichtigsten und größten Städte Indiens voneinander – im Norden liegt Delhi, weit im Osten Kolkata (ehemals Kalkutta), an der südöstlichen Küste Chennai (ehemals Madras) und schließlich an der Westküste Mumbai (ehemals Bombay).

Diese vibrierenden Metropolen, in denen Millionen von Menschen auf engstem Raum leben, haben ihre eigenen Zubereitungsarten und lokalen Spezialitäten entwickelt. Dazu gehören zum Beispiel die Alur Chop, leckere kleine Fleisch- und Kartoffelplätzchen, die vor ein- oder zweihundert Jahren in Kolkata erfunden wurden und die es mittlerweile an jeder Ecke gibt. Städte wie Jaipur und Udaipur in Rajasthan (die Residenz der Könige) trumpfen mit köstlichen Wildgerichten auf, die ihren Ursprung in den königlichen Küchen haben.

Chapati ist das Brot, das im ganzen Land am häufigsten gegessen wird. Für die meisten indischen Familien ist es unverzichtbar. Brot wird ebenso oft aus Reis- oder Maismehl hergestellt wie aus Weizen. In wohlhabenden Familien sind allerdings ausgefallenere Brotsorten wie Paratha, Naan und Poori beliebter.

Traditionen des Nordens

Entlang der nördlichen und nordöstlichen Grenzen Indiens gibt es einige entlegene Gebirgsregionen, in denen ausschließlich das gekocht wird, was von Natur aus in diesen Gegenden wächst und was die Bauern auf ursprünglichem Wege anbauen und konservieren können. Im hohen Norden isst man hauptsächlich Reis, Hirse, Mais und Kartoffeln. Um für eine ausgewogene Ernährung zu sorgen, werden diese Grundnahrungsmittel mit frischem Gemüse angereichert. In einigen Landstrichen kochen oder räuchern die Menschen auch Fleisch aus eigener Hausschlachtung über Holzfeuern. Teeplantagen sieht man überall und der besondere, rauchige Geschmack des Assam-Tees aus diesem Gebiet wird in der ganzen Welt geschätzt.

Weiter im Landesinneren wird die Speisekarte Nordindiens vielfältiger. Zu den Grundnahrungsmitteln gehören auch hier Weizen, Reis und Roti, eine Brotsorte, die nur aus Getreide, Salz und Wasser hergestellt wird. In ländlichen Gegenden mahlen die Menschen oft noch ihr eigenes Mehl nach traditioneller Art mit der Handmühle. Ihr Brot wird in einer gusseisernen Pfanne gebacken.

In der Hauptstadt Delhi bekommt man neben scharfen Delikatessen aus dem Tandoor auch die exquisite Mogulküche serviert, die sich durch ihre seidigen, milden Saucen und ihre duftenden Biryanis und Pilaws auszeichnet. Die Stadt Lakhnau, die im an Nepal grenzenden Uttar Pradesh liegt, hat eine regionaltypische Küche entwickelt, die Awadhi genannt wird und die an die vergangenen luxuriösen Tage der Maharadschas und Prinzen erinnert. Der schöne und am nördlichsten gelegene Staat Kaschmir nennt wiederum eine Kochkunst sein Eigen, die auf regionalen Früchten und Nüssen basiert. Diese Zutaten verfeinern unzählige üppige Fleisch- und Geflügelgerichte. Die Küche Kaschmirs wird außerdem für ihre ungewöhnliche Vielfalt und ihren reichen Schatz an Aromen gerühmt. Kormas, Pasandas und Biryanis gehören heute fest und unverrückbar zu den Lieblingen des Nordens.

Die Kunst des Würzens und des Gewürzmischens hat sich in den verschiedenen Gebieten Indiens sehr unterschiedlich entwickelt. In Punjab mariniert man beispielsweise hauptsächlich Fleisch, Fisch und Gemüse, das im Tandoor zubereitet werden soll. Essen, das im Lehmofen über einem Holzkohlefeuer gegart wird, bekommt einen ganz anderen Geschmack als bei der Zubereitung in einem gewöhnlichen Ofen. Diese Art zu kochen ist außerdem überaus gesund, da durch die Abdeckung des Tandoors alle Nährstoffe erhalten bleiben.

In Kaschmir gibt es eine weitere legendäre Tradition: das Wazawaan, ein kaschmirisches Festmahl. Es wurde nach den außergewöhnlichen Köchen, den Wazas, benannt, die hoch aromatische Gewürze wie Anissamen, Zimt und Kardamom besonders großzügig einsetzen.

Östliche Aromen

Im ländlichen Ostindien kochen die Menschen mit regionalen Produkten wie frischem Ingwer, Kreuzkümmel, Senf und Paprika. Auch Milchprodukte, frische Mangos und Kokosnüsse gibt es reichlich, und in den Flüssen und

Kräuter und Gewürze sind auf den Straßenmärkten Indiens im Überfluss vorhanden.

im Meer lebt eine Fülle an Fischarten. Der bengalischen Küche steht eine ausgedehnte Gewürzpalette zur Verfügung und zu den typischen Aromen dieser Region zählt auch das wunderbar duftende Panch Phoron (Fünf-Gewürz-Mischung), das aus fünf Gewürzen zu gleichen Teilen besteht: schwarzer Pfeffer, Kreuzkümmel, Schwarzkümmel (Kalonji), Fenchel und Bockshornkleesamen. Auch hier ist Reis das Grundnahrungsmittel, auf dem die Gerichte basieren. Viele der beliebtesten

Rezepte weisen den charakteristischen scharfen Geschmack von Senföl auf.

Eine der faszinierendsten Eigenarten Bengalens ist seine Mog-Küche. Diese ganz besondere Art zu kochen wurde nach dem buddhistischen Volksstamm benannt, dessen Wurzeln weit im Nordosten in den Hügeln Bangladeschs liegen. Die Köche der Mog waren sehr erfinderisch, wenn es darum ging, Gerichte à la „east meets west" zu kreieren. Ihre Kochkünste wurden vor allem von den in

Ein Koch hackt Hammelfleisch, um Haleem für ein Festessen oder Wazawaan vorzubereiten.

Frische, handverlesene Chilis liegen in der Sonne zum Trocknen aus.

Frauen im östlichen Orissa tragen Körbe voller Fisch von den Booten an Land.

Assam lebenden Briten geschätzt, die am dortigen Teeanbau teilhatten. Als Indien im Jahr 1947 seine Unabhängigkeit gewann und die Briten sich aus dem Land zurückzogen, wurden die talentierten Mog-Köche gerne von indischen Familien eingestellt.

Der vielschichtige Westen

Westindien, besonders Gujarat, ist für seine Milcherzeugnisse bekannt. Sie spielen in der hauptsächlich vegetarischen Ernährung eine große Rolle. Die üppigen Thali Gerichte (auf großen Platten serviertes Essen) Gujarats sind im ganzen Land berühmt. Auch in Rajasthan, das nördlich von Gujarat liegt, leben viele Vegetarier. Hier wird reines Butterfett (geklärte Butter) verwendet, das Ghee genannt wird. Es macht die Gerichte sehr reichhaltig und gibt ihnen einen ganz besonderen Geschmack. Die Menschen von Rajasthan und Gujarat verwenden ihre Milchprodukte nicht nur zum Kochen, Joghurt und Buttermilch gehören auch pur zum alltäglichen Genuss.

Auch Wurzelgemüse, Linsen und Erdnussöl werden im Westen produziert und in der alltäglichen Küche eingesetzt. Mangos, Kokosnüsse und Cashewkerne gibt es hier im Überfluss und der Flickenteppich aus Reisfeld-

Abseits der Städte werden Chapatis oft noch immer über offenem Feuer zubereitet.

terrassen und Kokospalmen bietet einen unvergesslichen Anblick. Entlang der Küstenlinie bekommt man Fisch und Meeresfrüchte, so viel man nur will, und darauf basiert in Kombination mit dem üblichen Reis auch die Ernährung der Küstenbevölkerung.

Entlang der Strände des Arabischen Meers liegt das ausgedehnte Maharashtra. Auch hier hat sich eine eigene kulinarische Tradition herausgebildet, die nur in Mumbai (ehemals Bombay), der Hauptstadt des Bundesstaates, in einem schillernden Kaleidoskop der unterschiedlichsten Esskulturen untergeht, was der bunt gemischten Bevölkerung der Stadt zu verdanken ist. Weiter südlich von Mumbai liegt das kleine Goa, die Perle des Orients. Die Küche des „Goldenen Goas" ist eine aufregende Collage, in der sich mannigfaltige historische Einflüsse widerspiegeln. In Folge der portugiesischen Kolonialisierung vor 500 Jahren haben sich Ost und West vermischt. Hier hat auch das für seine Schärfe berühmte Vindaloo seinen Ursprung. Richtig zubereitet soll dieses Gericht dem Gaumen allerdings mit einer sehr ausgewogenen Würze schmeicheln. Die Vielfalt an Rezepten mit Fisch- und Meeresfrüchten macht Goa kulinarisch besonders interessant. Ein Beispiel ist das Jhinga Caldeen, eine köstliche Variation von Garnelen, Gewürzen und Kokoscreme. Kokosfleisch und Essig, den man aus Kokosmilch gewinnt, verleihen der Küche Goas ihr einzigartiges Aroma. Diese Zutaten werden ganz alltäglich eingesetzt, um süße und herzhafte Gaumenfreuden zuzubereiten.

Der beliebteste Drink Goas ist Kokos-Feni, ein sehr starker Schnaps, den man aus dem Saft der Kokospalme gewinnt.

Der heiße Süden

Die Wirtschaft Südindiens floriert dank des Gewürz- und Reishandels, und auch die Kokosnuss und ihre Nebenprodukte leisten ihren Beitrag dazu. Südindien gehört zu den führenden Exporteuren von erstklassigen Gewürzen, und der internationale Handel, der bereits vor Jahrhunderten begann, durfte sich in den letzten Jahren über ein phänomenales Wachstum freuen. Außerdem ist dies auch das Land der Tee- und Kaffeeplantagen und der goldenen Reisernte. Um die Kokosnuss

In ländlichen Gegenden Indiens kann man noch heute sehen, wie Getreide auf traditionelle Art gemahlen wird.

rankt sich mittlerweile eine riesige Industrie. Man nutzt nicht nur ihr Fleisch und ihre Milch zum Kochen, sondern auch ihr Öl, und zwar in ganz Südindien. Die harte Schale wird poliert und zu Schüsseln verarbeitet, andere Teile der Pflanze werden für den Bau von Dächern oder Pfeilern ländlicher Hütten gebraucht. In entlegenen Landesteilen liefern Kokosfasern den nötigen Brennstoff für den Herd.

In Sachen Kochgewohnheiten unterscheidet sich Andrah Pradesh im Südosten von allen anderen südlichen Staaten. Wegen des muslimischen Einflusses wird in Andrah Pradesh bevorzugt mit Fleisch und selten rein vegetarisch gekocht. In der Stadt Hyderabad, wo der letzte Mogul-Kaiser lebte, ist vor allem die Mogulküche sehr beliebt. Hier kocht man mit vielen reichhaltigen Zutaten wie Sahne, Fleisch, Gewürzen, Früchten und Nüssen – Delikatessen für besondere Gelegenheiten.

Da die Chilischote im Süden besonders gut gedeiht, neigt das Essen hier dazu, sehr scharf zu sein. Als Gegenpol entwickelte sich in Kerala eine kulinarische Tradition um salzige Meeresfrüchte und mildernde Kokosnuss, die der Geschmackswelt Goas weiter nördlich an der Küste ähnelt.

Klassische Zutaten

Einmal abgesehen von einer Handvoll Nahrungsmittel, die im ganzen Land eingesetzt werden, variieren die wichtigsten Ingredienzien von Region zu Region. Sogar bei den alltäglichsten Zutaten wie Zwiebeln, Ingwer, Knoblauch, Brot und Reis können die Zubereitungsmethoden so weit voneinander abweichen, dass sich völlig verschiedene Aromen entwickeln.

Gewürze und andere Aromen

Den Köchen Indiens liegt das Würzen im Blut. Indisches Essen ohne Gewürze ist wie ein Sommerhimmel ohne Sonne.

Anis Dieses Gewürz hat einen delikaten Lakritzgeschmack und seine Samen sind süß. Es hilft bei der Verdauung.

Asant Bei der Zubereitung von Hülsenfrüchten wird dieses sehr intensive Gewürz oft eingesetzt. Es wird in heißes Öl gegeben, was den starken Geruch mildert und das Gericht abrundet.

Bockshornklee Diese Kräuterpflanze hat nur sehr kleine Blätter und wird daher gleich büschelweise verkauft. Mit ihr würzt man Fleisch und vegetarische Gerichte. Die Stiele sollte man entfernen, da sie dem Essen sonst eine bittere Note geben. Bockshornkleesamen sind flach, sehr scharf und leicht bitter.

Chilis Es ist schon eine Überraschung, wenn man erfährt, dass die Chilischote, ohne die man sich die indische Küche heute kaum noch vorstellen kann, erst im 16. Jahrhundert mit den Portugiesen ins Land kam. Sie verbreitete sich von Süden aus und wird dort auch heute noch am meisten eingesetzt; der Süden ist bekannt für seine feurigen Rezepte. In Andhra Pradesh gibt es die größten Chiliplantagen, und auch viele der exotischen Gerichte, die Chili enthalten, stammen von dort. Getrocknete rote Chilis und Chilipulver werden in ganz Indien zum Kochen verwendet.

Fenchelsamen Diese Samen kommen in bestimmten Currys zum Einsatz. Sie ähneln den Kreuzkümmelsamen und schmecken sehr süß. Manchmal werden Fenchelsamen auch nach dem Essen gekaut, um Mund und Atem zu erfrischen.

Garam Masala Es gibt für diese Würzmischung kein einheitliches Rezept, doch müssen Pfefferkörner, Kümmelsamen, Nelken, Zimt und schwarze Kardamomkapseln enthalten sein.

Ingwer, Zwiebeln und Knoblauch In der indischen Küche sind diese drei Zutaten oft Schlüsselelemente. Knoblauch gehört wie Ingwer in die meisten Currys. Man kann ihn entweder auspressen, zerdrücken oder hacken. Manchmal kommt auch die ganze Knolle mit ins Essen. Ingwer gehört zu den ältesten und beliebtesten Gewürzen Indiens. Im Norden verarbeitet man Zwiebeln, Ingwer und Knoblauch oft zu einer Paste, oder man kocht und püriert die Zwiebeln, bevor man sie mit Ingwer, Knoblauch und Trockengewürzen anbrät. Angebräuntes Zwiebelpüree gibt einen unverwechselbaren Geschmack.

Kardamom, Zimt und Nelken Diese drei süßlichen Gewürze gehören seit Urzeiten zur indischen Küche. Kardamom wächst in Indien und ist nach Safran das teuerste aller Gewürze. Man kann die Kapseln ganz verwenden

Nelken verleihen vielen Gerichten einen aufregenden Geschmack – süß und pikant zugleich.

Chilis geben der indischen Küche Feuer, egal ob frisch, getrocknet oder als Pulver.

In Indien reicht man zu vielen Hauptgerichten gerne Pickles und Chutneys.

Je kleiner die Knoblauchknolle, desto intensiver ist ihr Aroma.

Gewürze und Aromastoffe spielen in der indischen Küche eine wichtige Rolle.

Safran ist zwar ein sehr teures Gewürz, doch man braucht es auch nur in sehr kleinen Dosen.

oder die Hülsen aufbrechen und die Samen auffangen. Sie haben einen leicht scharfen, aber unglaublich aromatischen Geschmack. In Südindien verarbeitet man geriebenen Kardamom in Desserts und Süßigkeiten, wohingegen die Nordinder liebend gerne ihre Hühnchengerichte, Pilaws und Biryans mit dem süßen, berauschenden Aroma verfeinern. Außerdem kocht man im Norden sehr geschmacksintensive Tees aus diesen drei Gewürzen. Sie sollen die Körpertemperatur anfeuern.

Koriander und Kreuzkümmel In beinahe jedem pikanten Gericht Indiens finden sich diese beiden Gewürze. Getrockneter Koriander hat einen süßlichen, milden Geschmack und Kreuzkümmel ist sein traditioneller Begleiter. Die nordindische Spezialität Zeera Aloo (Kümmelkartoffeln) wird hauptsächlich mit Kreuzkümmel abgeschmeckt, Korma-Rezepte enthalten dagegen große Mengen an Koriander und nur wenig Kreuzkümmel. Andere berühmte Gerichte, wie Jalfrezi und Do piaza, enthalten beide Gewürze zu gleichen Teilen.

Kräuter Keine indische Hausfrau würde eine Mahlzeit auf den Tisch bringen, die nicht vorher mit einer Handvoll frischem Koriander verfeinert wurde. Auch Curryblätter spielen in der südindischen Küche eine wichtige Rolle. Sie sind für den Süden das, was frischer Koriander und Garam Masala für den Norden sind.

Kurkuma Die goldgelbe Kurkumawurzel hat einen bitteren Geschmack, der aber verschwindet, wenn man sie mit anderen Zutaten mischt. Kurkuma ist stark antiseptisch und eignet sich hervorragend als Konservierungsmittel. Wenn Fisch nicht mehr am selben Tag gekocht werden kann, an dem er gekauft wurde, reibt man ihn oft mit Kurkuma und Salz ein.

Mangopulver Die in Indien heimischen Mangos kommen hier regelmäßig auf den Tisch. Diese einzigartige Frucht wird in verschiedenen Reifestadien verwendet und ist eine beliebte Zutat für Currys. Man kann sie aber auch in der Sonne trocknen und zu einem feinen Pulver namens Amchur (oder Amchoor) vermahlen. Das Pulver schmeckt säuerlich und wird als Verzierung über die Gerichte gestreut. Zum Kochen verwendet man es nicht.

Muskatnuss und Muskatblüte Die Muskatpflanze ist einzigartig, da an ihr gleich zwei Gewürze heranreifen: Muskatnuss (Jaiphal) und Muskatblüte (Javitri). Beide Gewürze sind sehr geschmacksintensiv und werden im Norden oft verwendet. Geriebene Muskatblüte und Kardamom verleihen bestimmten Geflügelgerichten eine unverwechselbare Würze.

Palmzucker (Gur) wird hauptsächlich als Süßmacher verwendet.

Safran Safran wird sowohl in süßen als auch in pikanten Speisen eingesetzt. Die Stempel der Safrankrokusse werden von Hand geerntet und in der Sonne getrocknet. Sie sind so leicht, dass man für 450 Gramm Safran etwa 500 000 getrocknete Stempel braucht. Ein paar Stempelfäden in etwas Milch oder Wasser aufgelöst geben jedem Gericht ein exotisches Aroma und Aussehen.

Schwarzkümmel Dieses schmackhafte Gewürz hat einen scharfen, prickelnden Geschmack und wird hauptsächlich verwendet, um vegetarischen Gerichten zusätzliche Würze zu verleihen.

Senföl Wenn man es roh zu sich nimmt, hat dieses Öl einen scharfen Geschmack, da es aus Senfsamen gewonnen wird. Es bekommt mehr Süße, wenn man es erhitzt.

Senfsamen Eine weitere wichtige Zutat für die indische Küche, besonders in vegetarischen Gerichten. Im Süden verfeinern die samtschwarzen Samen allerlei Salatdressings. Die zartgelben Senfsamen finden hingegen oft in Currys oder den meisten Pickles Verwendung.

Sternanis Die sternförmige Kapsel dieses Gewürzes liefert ein kräftiges Lakritzaroma.

Tamarinde Schwarze, getrocknete Tamarindensamen schmecken sauer und sind sehr

Frische, säuerlich schmeckende Tamarinde wird zu Reis-, Fisch- und Fleischgerichten gegeben.

In vielen traditionellen indischen Rezepten findet man das geklärte Butterfett Ghee.

Rezepte, die viel Kokosnuss enthalten, sind das Wahrzeichen der südindischen Küche.

klebrig. Man kann Tamarinde auch als Paste kaufen oder sie beim Kochen durch Zitronensaft ersetzen.

Reis

Als wichtigste Quelle für Kohlenhydrate in der Ernährung der Inder reicht man Reis zu beinahe jeder Mahlzeit und nicht nur zu pikanten Gerichten. Mit Nüssen, Kardamom und Safran vermischter Reispudding ist in Indien eine heilige Opfergabe, die auch oft als Dessert zubereitet wird. Delikat abgeschmeckter Basmatireis ist am beliebtesten.

Milchprodukte

Joghurt, Buttermilch und Käse sind wichtige Zutaten der indischen Küche. Sie liefern Proteine für die hauptsächlich vegetarisch lebende Bevölkerung. Naturjoghurt begleitet die meisten indischen Gerichte und auch auf Joghurt basierende Getränke sind sehr beliebt. In ganz Indien trinkt man das aus Punjab stammende Lassi, und genauso beliebt ist Buttermilch, die auch zum Kochen verwendet wird. Der einzige indische Käse heißt Paneer. Man findet ihn häufig in süßen und pikanten Rezepten. Das köstliche nordindische Nationalgericht Matter Paneer bereitet man aus Paneer, Erbsen und einer geschmacksintensiven Tomatensauce zu.

Öl und Butter

Wegen seines neutralen Geschmacks wird

Sonnenblumenöl am häufigsten zum Kochen verwendet, in einigen Regionen bevorzugen die Köche allerdings Erdnuss- oder Senföl. Bis vor wenigen Jahren setzte man noch hauptsächlich das traditionelle, nussig schmeckende Ghee (geklärte Butter) ein. Man gewinnt es, indem man ungesalzene Butter vorsichtig erwärmt, bis alle Flüssigkeit verdampft ist und die festen Milchbestandteile sich gesetzt haben. Dann wird es abgeschöpft und kann bei Raumtemperatur gelagert werden.

Gemüse und Früchte

In einem Land, in dem hauptsächlich Vegetarier leben, gehören Obst und Gemüse nicht nur als Geschmacksträger zu den meisten Gerichten, sie übernehmen außerdem eine wichtige Rolle in der Ernährung.

Ananas Diese Frucht wächst hauptsächlich im Süden und Nordosten Indiens. Gut gewürzt wird sie in den Gaumen erfrischende Beilagen verwandelt.

Auberginen Seit mehr als 4 000 Jahren wird in Indien mit Auberginen gekocht und jede Region pflegt in der Zubereitungsweise ihre eigene Tradition. Im Norden genießt man sie als Bharta (zu pikantem Püree verarbeitet), im Westen als Vangi Bhat (würziger Auberginenreis).

Kokosnuss Diese populäre Nuss wird im ganzen Land, besonders aber im Süden, für süße

und pikante Gerichte verwendet. Oft wird sie für Feste zu Kokosdesserts oder Süßigkeiten verarbeitet. Man kann frische Kokosnuss gut durch Kokosraspel (ungesüßt) oder Kokosnusscreme ersetzen.

Mango Während der kurzen Mangosaison schmücken die prallen, saftigen Früchte die Marktstände. Frische, reife Mangos werden zu Süßspeisen verarbeitet. Mit grünen oder unreifen Früchten macht man Currys oder Chutneys.

Tomaten Die Tomatensorte, die in Indien angebaut und intensiv zu Kochzwecken eingesetzt wird, ähnelt der italienischen Eiertomate. Gehackt und mit Zwiebeln, grünen Chilis und Korianderblättern vermengt, ergibt sie einen beliebten Salat.

Bohnen, Erbsen und Linsen

Ob nun in Suppen und Dals oder mit Fleisch und Gemüse zubereitet: Bohnen, Erbsen und Linsen sind immer eine reichhaltige Quelle für Proteine und Ballaststoffe.

Chana Dal Diese runde, geschälte und gespaltene Linse wird in einigen Gerichten als Bindemittel eingesetzt.

Kichererbsen (Chole) Die runden, gelblichen Hülsenfrüchte schmecken stark nussig, wenn man sie kocht. Sie werden in Currys verwendet oder zu Mehl gemahlen, das wiederum zu

Die Nationalfrucht Indiens ist die Mango. Sie wächst im ganzen Land.

Proteinreiche Nüsse sind eine beliebte Zutat in süßen und pikanten Gerichten.

Die indischen Küstengewässer sind reich an Meeresfrüchten.

Pakoras und Bhajiyas verarbeitet wird. Oder man nascht sie einfach als Snack.

Masoor Dal Obwohl sie rote Linsen genannt werden, sind diese gespaltenen Hülsenfrüchte eigentlich orange und werden beim Kochen blassgelb. Ganze braune Linsen gehören ebenfalls zu den roten Linsen, sie wurden nur noch nicht geschält.

Mungbohnen Diese kleinen grünen Bohnen sind süß und sämig. Lässt man sie wachsen, keimen Mungbohnensprossen. Man verwendet auch die gespaltene Mungbohne und kocht sie zum Beispiel mit Reis.

Toor Dal Toor Dal ist eine glänzende, gespaltene Linse und etwa so groß wie Chana Dal.

Nüsse und Samen
Nüsse verleihen vielen süßen und pikanten Gerichten eine ungewöhnliche Geschmacksdimension und machen sie besonders nahrhaft.

Cashewkerne Diese geschmacksintensiven Kerne werden besonders im Süden eingeweicht und püriert, was eine herrliche, dicke Sauce ergibt. In Goa wird aus dem Saft der Cashewpflanze ein starker Schnaps gebrannt, der Kaju Feni genannt wird.

Granatapfelsamen Man kann sie entweder aus frischen Granatäpfeln lösen oder eingemacht in Gläsern kaufen. Sie verleihen einen delikaten, herben Geschmack.

Mandeln Besonders in Kormas und Pasandas verarbeitet man diese Nuss, um cremige Saucen zu bekommen. Im nördlich gelegenen Kaschmir macht man aus gemahlenen, gewürzten Mandeln ein hervorragendes Chutney.

Pistazien In vielen Desserts und Süßigkeiten findet man diese süßen grünen Nüsse. Roh oder geröstet machen sie sich auch gut als Verzierung auf Pilaws und Biryanis. Pista Burfi, eine karamellähnliche Süßigkeit, wird besonders gerne gegessen.

Sesamsaat Die kleinen, birnenförmigen Samen sind normalerweise weiß, können aber auch beige, braun, rot oder schwarz sein. Wenn man sie röstet, bekommen sie ein leicht nussiges Aroma.

Walnüsse Man findet sie oft in Süßigkeiten, Salaten und Raitas.

Fleisch
Hühnchen ist die beliebteste und auch die teuerste Fleischsorte Indiens. Bei keinem

Festessen oder offiziellen Anlass dürfen mindestens ein oder zwei Hühnchengerichte auf der Speisekarte fehlen. Rind- und Schweinefleisch wird weniger häufig gegessen, da die Kuh den Hindus heilig ist und der Koran den Muslimen verbietet, Schweinefleisch zu sich zu nehmen. Auch Lamm wird, außer im Himalaja, nicht oft zubereitet, Hammel- und Ziegenfleisch ist beliebter.

Fisch und Meeresfrüchte
Indien wird zu beinahe zwei Dritteln vom Meer umspült, und die Fische dieser Gewässer, wie Makrele, Sardine, Thunfisch und Seeteufel, bilden die Grundlage einer fantastischen Rezeptpalette. Die meisten dieser Fische machen sich auch in Currys ausgezeichnet. Unter den Meeresfrüchten sind Garnelen am beliebtesten, aber auch Muscheln, Krebse und Hummer werden in allen Küstenregionen in würziger Kokossauce gekocht.

Kochtechniken und Utensilien

In der indischen Küche bringen die richtigen Kochutensilien und entsprechenden Techniken die charakteristischen Aromastoffe, Farben und Konsistenzen erst voll zur Geltung. Meist wird in schweren Gusseisen-, Stahl- oder Kupfertöpfen und -pfannen gekocht, in denen sich die Hitze gleichmäßig verteilt. Darüber hinaus verlieren die Zutaten ihren natürlichen Wassergehalt nicht, und Gewürze können angeröstet werden, ohne am Boden der Pfanne festzukleben.

Kochutensilien

Es gibt eine große Auswahl an Kochwerkzeugen in Indien. In den Küstenregionen Südindiens benutzt man vor allem Kochtöpfe aus Terrakotta. Meistens sind sie unglasiert, da sie so die Luft besser durchlassen, was bedeutet, dass das Essen trotz der großen Hitze nicht sofort gekühlt werden muss. Im Norden bevorzugt man eher versiegelnde Kochtöpfe, um die Aromen im Inneren zu halten – eine Methode, die man als Dum bezeichnet.

Chapati-Ausrollbrett (Chakla) Dieses runde Holzbrett auf Stummelfüßen wird benutzt, um Chapatis in die richtige Form zu bringen.

Chapati-Löffel Mit dem viereckigen, flachen Chapati-Löffel wendet man die Brote auf dem heißen Chapati-Blech. Hierfür kann auch ein Pfannenwender (Spatula) verwendet werden.

Degchi Für Pilaws und Biryanis nimmt man einen besonders geformten Topf namens Degchi, in dem man Dampf erzeugen kann. Das Essen wird ausschließlich im Dampf gegart, wodurch Fleisch und Geflügel sehr saftig und wohlschmeckend werden und die Reiskörner schmal und locker bleiben. Degchis werden traditionell aus Messing oder Kupfer hergestellt. Sie sind birnenförmig und verjüngen sich nach oben hin, um den Dampf im Bauch des Topfes zu halten. Diese Kochtechnik nennt man Dum. Um den Hals des Topfes wird ein klebriger Teig gestrichen, um den Deckel fest an seinem Platz zu halten, sodass kein Dampf entweichen kann. Schmackhafte, zarte Gerichte wie Dum Machi, Dum Aloo und alle Arten von Biryanis kitzeln seitdem die Geschmacksnerven des ganzen Landes und seiner Besucher. Man kann Biryanis und andere Dum-Gerichte jedoch auch gut in einem herkömmlichen Kochtopf zubereiten, solange er aus schwerem Stahl oder Kupfer besteht. Um den Versiegelungsprozess der Degchis zu imitieren, kann man auch Backpapier verwenden, das über die oberste Reisschicht gelegt und mit einem nassen Küchentuch abgedeckt wird. Wenn man den Topf dann noch mit einer doppelten Schicht Alufolie überzieht, bevor man den Deckel aufsetzt, ist er gut versiegelt und das Biryani gelingt perfekt.

Handi Dieses Kochgefäß benutzt man für viele Dum-Gerichte. Es ist traditionell ein Kupfertopf, der sich nach oben hin verjüngt, fast wie eine größere Version der Degchis. Verzierte, ofenfeste Handis aus Terrakotta bekommt man inzwischen überall und sie haben sich zu einem echten Liebling der modernen Küche entwickelt.

Den hölzernen Ausroller für Chapatis gibt es in vielen Größen.

Die traditionellen indischen Metallkochtöpfe heißen Degchi und sind auch in Terrakotta erhältlich.

Das Handi-Kochgefäß wird traditionell aus Kupfer hergestellt und hat einen schmalen „Hals".

Kadhai wird benutzt, um frittierte Brote und Bhuna-Gerichte zuzubereiten.

Kadhai Frittierte, sich aufblähende Brote (Poori und Luchi) werden in einer runden Pfanne frittiert, die einem Wok ähnelt und Kadhai heißt. Man braucht die Kadhai auch für das Braten von Bhuna-Gerichten, und es gibt eine ganze Reihe Köstlichkeiten, die speziell für dieses einfache Kochgerät entwickelt wurden. In ganz Nordindien und im nordwestlichen Grenzgebiet (das heute zu Pakistan gehört) sind Gerichte wie Bhuna Gosht (Ziege oder Lamm in der Kahari zubereitet), Kadhai Murgh (Hühnchen) und Kadhai Paneer (indischer Käse) sehr beliebt. Die Kadhai ist vermutlich eines der ältesten Kochgeräte Indiens.

Lagan In Lakhnau in Nordindien benutzt man ein flaches Kupfergefäß, das Lagan heißt, um große Fleischstücke wie Lammkeulen, Koteletts oder ganze Hühnchen zu garen. Der Boden der Lagan-Pfanne ist leicht abgerundet, und sie hat einen schweren, fest sitzenden Deckel, was sie auch für Dum-Gerichte ideal macht, besonders in diesem Teil Nordindiens. Die Temperatur darf für die Zubereitung von Dum-Gerichten nicht zu hoch sein, die Zutaten werden nur mit sehr geringer Hitze gegart. Zusätzlich wird indirekte Hitze erzeugt, indem man glühende Holzkohlen auf den Deckel legt. Den Deckel der Lagan-Pfanne nennt man Seeni. Solange das Kochgefäß gut versiegelt ist, kann man diese Methode auch in westlichen Küchen in einem Niedrigtemperaturofen ausprobieren.

Patila Zu diesem schweren Stahltopf gehört ein Deckel. Man verwendet ihn, um Brühen, Kormas und Bhuna-Gerichte zuzubereiten. Für Kormas benötigt man ein schweres Kochgefäß mit gut passendem Deckel, da während des Garprozesses nur sehr wenig Flüssigkeit zugefügt wird, damit Fleisch und Geflügel im eigenen köstlichen Saft garen können. „Korma" bedeutet eigentlich „schmoren" und ist eher eine Kochmethode als ein bestimmtes Gericht.

Schaumlöffel Wenn man gekochten Reis mit einem Schaumlöffel rührt, wird er schön locker, da Luft zwischen die Körner kommt. Außerdem kann man mit einem Schaumlöffel Zutaten aus heißem Öl oder anderen Flüssigkeiten heben.

Tandoor Ungesäuerte Brotsorten, wie die verschiedensten Naans, werden im Tandoor zubereitet. Das ist ein fassförmiger Lehmofen, der aus Ägypten, wo er Tanoor genannt wurde, nach Indien gekommen sein soll. Ursprünglich bereitete man ausschließlich Naan im Tandoor zu. Die Tandoor-Küche aus Punjab ist in ganz Indien heiß begehrt, während Tandoori-Hühnchen und Hühnchen Tikka überall auf der Welt zu echten Lieblingen geworden sind.

Tapeli In diesem nützlichen Kochgerät wird Reis zubereitet. Es besteht aus Edelstahl oder Kupfer und hat die Form einer herkömmlichen Pfanne mit einem dicht schließenden Deckel, wodurch man es ideal zum Dampfgaren von Reis einsetzen kann.

Tawa Chapati, das tägliche Brot Indiens, wird auf einer gusseisernen Platte gebacken, die Tawa genannt wird. Hierauf bereitet man die meisten ungesäuerten Fladenbrote zu.

Mit Gewürzen kochen

Im Idealfall setzt man natürlich nur frisch gemahlene Gewürze ein, um die volle Aromenvielfalt genießen zu können. In indischen Haushalten gibt es immer viele helfende Hände, die sich darum kümmern können. Wenn die Zeit aber einmal knapp ist, können auch bereits gemahlene Gewürze eingesetzt werden.

Traditionelle Methoden Ganze Gewürze halten ihr Aroma länger als vorgemahlene, weshalb bei Bedarf auch immer nur kleine Mengen unter den Mahlstein kommen. Einige indische Haushalte benutzen dafür noch immer den traditionellen Sil-Batta (auch Silvatta), der aus zwei Teilen besteht: einer flachen Steinplatte und einer steinernen Rolle. Die Gewürze werden auf die Platte gelegt und

Im Patila bereitet man vor allem Kormas und Brühen zu.

Der Tawa ist ein flaches, heißes Backblech, auf dem traditionell Chapatis zubereitet werden.

mit der Rolle zu einer feuchten Paste verarbeitet. Diese Methode setzt fantastische Aromen frei, ist aber sehr zeitaufwendig, weshalb oft auch einfach nur Mörser und Stößel (Hamam-Dasta) benutzt werden.

Elektrische Mühlen Man sollte sich einmal überlegen, ob man sich nicht eine Kaffeemühle oder eine spezielle Gewürzmühle für das Mahlen von Gewürzen zulegen sollte, da der Geschmack frisch gemahlener Gewürze einfach unübertroffen ist. Mit Kaffee- oder Gewürzmühlen kann man gut kleine Mengen trockener Zutaten verarbeiten. Auf traditionellen Mahlsteinen macht man zwar die besten Chutneys und Gewürzpasten aus wasserhaltigen Zutaten, aber eine Küchenmaschine ist der Kompromiss für die viel beschäftigten Köche von heute. Man kann damit Zwiebeln raspeln oder hacken und Ingwer- oder Knoblauchpürees herstellen, wichtige Zutaten für die indische Küche.

Der Einsatz von vorgemahlenen Gewürzen
Wenn sie richtig gelagert werden, können auch vorgemahlene Gewürze dem Essen einen vollen Geschmack geben, doch ihre Haltbarkeit ist begrenzt. Wenn die Gewürze erst einmal gemahlen sind, verflüchtigen sich ihre ätherischen Öle sehr schnell. Diese Öle sind es, die dem Essen seinen Geschmack verleihen, man sollte gemahlene Gewürze also immer nur in kleinen Mengen kaufen und in luftdichten Gefäßen aufbewahren, ohne sie direktem Licht auszusetzen. Ein guter Trick, um die Aromen der Gewürze zu verstärken, ist, sie vorsichtig zu erhitzen.

Das Gewürzkästchen Der größte Stolz einer indischen Hausfrau ist ihr Gewürzkästchen, das Masala Dani. Diese Schatulle wird in den Familien üblicherweise von Generation zu Generation weitergeben, von Mutter zu Tochter oder manchmal sogar von Großmutter zu Enkelin. Gewürzkästchen gibt es in allen Formen, Farben und Größen. Typischerweise enthalten sie mehrere zylinderförmige Stahldöschen mit Deckel, ordentlich aufgereiht. Die Döschen enthalten ganze Gewürze, die täglich zum Kochen gebraucht werden. Beliebt sind unter anderem Senf-, Kreuzkümmel- und Schwarzkümmelsamen, getrocknete rote Chilischoten, schwarze Pfefferkörner und vieles mehr. Mit diesen Gewürzen werden normalerweise Hülsenfrüchte und Gemüse verfeinert.

Tadka In einem schweren Pfännchen in Form eines Woks erhitzt man etwas Öl. Dann kommen einige ganze Gewürze aus dem Gewürzkästchen dazu, damit sie ihre großartigen Aromen entfalten können. Das Öl und die

Mit einem kleinen wokähnlichen Kochgerät, das Tadka genannt wird, erhitzt man Öle und Gewürze.

ganzen Gewürze werden unter das fertig gekochte Essen gehoben. Diese Technik ist als Tadka bekannt, was eigentlich einfach „würzen" bedeutet. In westlichen Küchen kann eine Schöpfkelle, die über eine offene Flamme oder einen Gaskocher gehalten wird, als perfekter Ersatz für die kleine indische Pfanne genutzt werden.

Ingwer- und Knoblauchpüree
Bei den hier gesammelten Rezepten kommen immer wieder Ingwer- und Knoblauchpüree zum Einsatz. Dafür die frischen Knollen und Zehen in der Küchenmaschine, dem Mixer oder einer Knoblauchpresse zu Mus verarbeiten.

Für 1 TL **Knoblauchpüree** benötigt man 2 Knoblauchzehen, für 1 EL etwa 5 Zehen.

Für 1 TL **Ingwerpüree** benötigt man 2,5 cm frischen Ingwer, für 1 EL etwa 5 cm.

Um frische Gewürze zu mahlen, sind Mörser und Stößel ideal.

Keine indische Küche wäre komplett ohne ein Kästchen voller Gewürze: das Masala Dani.

Nordindien

Thukpa
Nudelsuppe mit Hackfleisch und Gemüse

Makki ke Pakore
Frittierte Baby-Maiskolben

Hare Masale ki Machchi
Fischfilets in einem Mantel aus grüner Gewürzpaste

Kullu Trout
Regenbogenforelle in Zitronen-Senf-Marinade

Murgh do Piaza
Hühnchen mit gebratenen Zwiebeln und Schalotten

Murgh Makhani
Hühnchen in Buttersauce

Nawabi Raan
Königliche Lammkeule

Rogan Josh
Lamm in reichhaltiger Chili-Tomaten-Sauce

Subziyon ka Korma
Gemüse-Korma

Methi Chaman
Indischer Käse mit Bockshornklee und Spinat

Sarson ka Saag
Grüne Senfblätter mit Ingwer, Chili und Knoblauch

Naan
Gesäuertes Brot

Makki ki Roti
Punjabische Maisfladen

Kulfi
Indisches Eisdessert

Nordindien

Der Himalaja beherrscht das Landschaftsbild der nordindischen Staaten, von Kaschmir im Nordwesten bis nach Uttar Pradesh im Südosten der Region. Diese majestätische Bergkette erstreckt sich von Pakistan und Afghanistan im Westen entlang der chinesischen Grenze durch Nordindien und Nepal bis in die entlegenen nordwestlichen Staaten. Die vierzehn höchsten Gipfel der Welt befinden sich hier, darunter natürlich auch der Mount Everest. Es ist kein Wunder, dass das Essen des Nordens sich sehr von dem des heißen, vom Meer umspülten Südens unterscheidet. Als Hauptgericht stehen oft Lamm, Ziege oder Hühnchen auf dem Speiseplan, oder auch delikate Fische wie Regenbogenforellen, die aus den Flüssen stammen, die vom Gebirge herabrauschen.

Aber nicht nur das Klima unterscheidet Nordindien von allen anderen Regionen. Invasoren, Pilger und Händler aus dem Norden jenseits der Berge überquerten vor Jahrhunderten den Himalaja mit der Absicht, die einheimische Bevölkerung zu unterwerfen und zu beherrschen, um ihr Land bewirtschaften zu können. Natürlich brachten sie eigene Anbau- und Kochgewohnheiten mit. Auch die mächtigen Mughal-Herrscher überquerten 1526 den Chaiber-Pass und regierten 200 Jahre lang beinahe das ganze Land. Ihr Vermächtnis ist die beliebte Mughalküche mit ihren geschmeidigen Saucen und dem Safranduft.

In Kaschmir, dem nördlichsten aller Staaten, hegen und pflegen bunt gekleidete Frauen prächtige Gärten in der Nähe der Seen, wo in der angenehmen Sommerwärme Gemüse und Früchte gedeihen. Im Herbst biegen sich die Bäume unter der Last von Pflaumen, Pfirsichen, Kirschen, Mandeln und Walnüssen. Eines der wichtigsten Erzeugnisse Kaschmirs ist Safran. Die Krokusblume, aus der man ihn gewinnt, wächst in ausgedehnten Feldern im kühlen Norden. Der reiche Vorrat an hochwertigen Zutaten hat dazu geführt, dass hier viele prächtige Traditionen gepflegt werden, zum Beispiel das Kaschmir-Bankett. Dieses prunkvolle Festessen besteht aus mehreren Gängen, die der versammelten Gesellschaft auf großen Platten serviert werden.

Südlich von Kaschmir liegt Himachal Pradesh. Dieser Staat ist ein Mosaik aus dichten Wäldern, schneebedeckten Gipfeln und üppigen, smaragdfarbenen Tälern. Nadelige Kiefern und grüne, breitblättrige Bäume klammern sich an die tiefer gelegenen Berghänge, gewundene Flüsse und glatte Seen bieten ein wunderschönes Panorama. Der wichtigste Ökonomiezweig ist die Landwirtschaft; Weizen, Mais, Gerste und Reis gedeihen dort, wo sich das Terrain am Fuße der Berge verflacht. Weiter unten im Süden liegen Punjab und Uttar Pradesh in den heißeren Zentralebenen Indiens. Auch hier ist der Feldanbau die Antriebsfeder der Wirtschaft; Mais, Weizen und Gerste wachsen überall.

In Nordindien wird mehr Brot als Reis gegessen, auch wenn Uttar Pradesh eines der besten Anbaugebiete für Basmatireis in Indien ist. Lamm und Hühnchen werden normalerweise mit schmackhaftem Gemüse serviert, in den auf jeden Fall Sarepta-Senf, Mais, Spinat, Tomaten und gespaltene Erbsen oder Linsen gehören. In Nordindien werden auch Milchprodukte gerne gegessen, zum Beispiel frische Milch, Ghee (geklärte Butter), Paneer (indischer Käse) und Joghurt. Sie enthalten ausreichend Proteine und werden zu vielen köstlichen Desserts verarbeitet. Eines davon ist Kulfi, eine süße, gefrorene Creme aus Milch, Sahne, Zucker und Nüssen.

Ergibt 4 Portionen

2 EL Sonnenblumenöl

1 große Zwiebel, fein gewürfelt

500 g mageres Hackfleisch vom Schwein, Rind oder Geflügel

5 cm frischer Ingwer, gerieben

4 Knoblauchzehen, fein gewürfelt

2–3 grüne Chilischoten, fein gehackt (und entkernt, wenn gewünscht)

2 l Gemüsebrühe

120 g Karotten, fein gewürfelt

120 g grüne Bohnen, klein geschnitten

1 EL gehackter Koriander

300 g Eiernudeln

1 frische rote Chilischote, entkernt und in feine Streifen geschnitten, zum Garnieren

Salz und frisch gemahlener schwarzer Pfeffer

Tipp

Im Himalaja wird im Allgemeinen Yakfleisch verwendet, aber Schwein, Rind oder Hühnchen sind gute Alternativen.

NÄHRWERT JE PORTION: 614 kcal – 2579 kJ – 38,4 g Protein – 64,8 g Kohlenhydrate, davon 9,7 g Zucker – 24,2 g Fett, davon 7,7 g gesättigte Fettsäuren – 0 mg Cholesterin – 75,5 mg Kalzium – 4,85 g Ballaststoffe – 362,5 mg Natrium

Thukpa
Nudelsuppe mit Hackfleisch und Gemüse

Dieser herzhafte und sättigende Eintopf stammt aus der Himalajaregion und eignet sich perfekt für kalte Wintertage. Mit frischem Brot serviert ist es eine tolle Hauptspeise, in kleinen Portionen eine wärmende Vorspeise.

1 Das Öl bei geringer Hitze in einem Wok erwärmen und die Zwiebeln darin unter ständigem Rühren 8–9 Minuten goldbraun anbraten.

2 Das Hackfleisch, den Ingwer, den Knoblauch und die grünen Chilis dazugeben. Die Hitze erhöhen und unter ständigem Rühren 10–12 Minuten garen.

3 Mit der Gemüsebrühe aufgießen, zum Kochen bringen. Die Karotten zugeben und 5 Minuten köcheln lassen.

4 Die grünen Bohnen zugeben und mit Salz abschmecken. Für weitere 5 Minuten köcheln lassen, dann den Koriander unterheben und den Wok vom Herd nehmen.

5 Die Nudeln nach Packungsangabe in kochendem Salzwasser garen, abgießen und mit kaltem Wasser abschrecken. Mit Salz und Pfeffer abschmecken und 1 Esslöffel Olivenöl unterheben, um ein Aneinanderkleben zu vermeiden. Die Nudeln auf Servierschüsselchen verteilen, die Suppe daraufgeben und mit Chilistreifen garniert servieren.

Ergibt 8 Portionen

180 g Kichererbsenmehl

1 Prise Natron (alternativ Backpulver)

1 TL Salz

1 getrocknete rote Chilischote, zerstoßen

1 TL Schwarzkümmelsamen

½ TL Fenchelsamen

½ TL Kreuzkümmelsamen

½ TL gemahlene Kurkuma

½ TL gemahlener Kreuzkümmel

225 g Baby-Maiskolben

Sonnenblumenöl zum Frittieren

NÄHRWERT JE PORTION: 222 kcal – 928 kJ – 6 g Protein – 22,3 g Kohlenhydrate, davon 1,1 g Zucker – 12,9 g Fett, davon 1,6 g gesättigte Fettsäuren – 0 mg Cholesterin – 29 mg Kalzium – 3,2 g Ballaststoffe – 431 mg Natrium

Makki ke Pakore

Frittierte Baby-Maiskolben

Mais wird im Bundesstaat Punjab extensiv angebaut und findet deswegen auch in vielen typischen Gerichten Verwendung. Die frittierten Baby-Maiskolben sind eine köstliche Beigabe zu den verschiedensten Gerichten und aufgrund der Fülle an Gewürzen und typisch indischen Aromen auch hervorragend als Snack zum Aperitif geeignet.

1 In einer großen Schüssel alle trockenen Zutaten vermischen. Nach und nach 200 Milliliter Wasser unterrühren, bis ein dickflüssiger Teig entsteht.

2 Das Öl bei mittlerer Hitze in einem Wok erhitzen. Wenn sich auf der Oberfläche des Öls ein zarter Rauchschimmer abzeichnet, jeden Baby-Maiskolben einzeln in den Teig eintauchen, kurz abtropfen lassen und in das Frittieröl geben.

3 Nur so viele Baby-Maiskolben in den Wok geben, wie sie gut nebeneinander passen, und in etwa 7–8 Minuten goldbraun ausbacken.

4 Auf Küchenpapier abtropfen lassen und nach Belieben mit Chutney (zum Beispiel Mangochutney) servieren. Sie schmecken aber auch pur toll, am besten zu einem kalten Bier oder einem kühlen Glas Weißwein.

Ergibt 4 Portionen

680 g weißfleischiges Fischfilet
(z.B. Kabeljau)

2 Schalotten, grob gehackt

25 g frischer Ingwer, grob gehackt

2–4 grüne Chilischoten, grob gehackt
(und entkernt, falls gewünscht)

15 g frischer Koriander, grob gehackt

1 EL Tamarindenmark (alternativ 2 EL
Zitronensaft)

1 TL Salz

75 g Kichererbsenmehl, gesiebt

Öl zum Frittieren

Tipp

Für „Fish and Chips" nach indischer Art zu
diesem Gericht Pommes frites servieren.

NÄHRWERT JE PORTION: 356,8 kcal – 1490 kJ – 35 g
Protein – 13,6 g Kohlenhydrate, davon 1,6 g Zucker –
18,3 g Fett, davon 2,2 g gesättigte Fettsäuren – 80,5 mg
Cholesterin – 55,8 mg Kalzium – 2,6 g Ballaststoffe –
116,2 mg Natrium

Hare Masale ki Machchi

Fischfilets in einem Mantel aus grüner Gewürzpaste

Die köstliche Paste aus frischem Koriander, Zitronensaft, Ingwer,
Knoblauch und Chili zaubert ein frisches Aroma. Jeder weißfleischige
Fisch kann verwendet werden, wenn er vor dem Frittieren mit
Kichererbsenmehl bestäubt wird.

1 Den Fisch sanft unter fließendem Wasser waschen und mit Küchenpapier trocken tupfen.
In etwa 5 Zentimeter große Stücke schneiden und in eine große Schüssel füllen.

2 Schalotten, Ingwer, Chilischoten, Koriander, Tamarindenmark bzw. Zitronensaft und Salz in
einem Mixer pürieren, gegebenenfalls mit etwas Wasser verdünnen. Die Paste zu dem Fisch
geben und vorsichtig miteinander vermengen. Für 30 Minuten beiseitestellen.

3 Das Kichererbsenmehl und 2–3 Esslöffel Wasser verrühren und unter den Fisch heben.
Etwas Wasser hinzugeben, falls noch nicht alle Fischstücke mit der Paste überzogen sind.

4 Das Öl in einem Wok erhitzen und die Fischstücke portionsweise für 2½ Minuten von
jeder Seite goldbraun ausbacken. Auf Küchenpapier abtropfen lassen und zu einem Gemüse-
oder Linsengericht und gekochtem Reis servieren.

Ergibt 4 Portionen

4 Regenbogenforellen à 250 g, entschuppt und küchenfertig

Für die Marinade:
4 EL Senföl
1 TL Salz
1 TL Fenchelsamen
½ TL getrocknete Chili, zerstoßen
Abrieb und Saft von 1 Zitrone
½ TL Kurkuma

Für die Sauce:
2 EL Senföl
½ TL Senfsaat
1 mittelgroße Zwiebel, fein gewürfelt
½ TL zerdrückte, getrocknete Chili
3 EL frisch gehackter Koriander

NÄHRWERT JE PORTION: 368,8 kcal – 1542 kJ – 40,7 g Protein – 9,1 g Kohlenhydrate, davon 5,9 g Zucker – 19,2 g Fett, davon 3 g gesättigte Fettsäuren – 160 mg Cholesterin – 114,5 mg Kalzium – 2 g Ballaststoffe – 153 mg Natrium

Kullu Trout
Regenbogenforelle in Zitronen-Senf-Marinade

In diesem Rezept werden ganze Forellen in einer Marinade aus Senf, Öl, Chili, Zitronensaft und Zitronenabrieb eingelegt, gebacken und mit einer heißen, aromatischen Würzsauce übergossen serviert. Dazu passen Gemüsebeilagen, z.B. Kartoffeln in Senföl (Seite 130).

1 Die Fische auf jeder Seite dreimal diagonal einschneiden und in eine flache Auflaufform legen. Die Zutaten für die Marinade miteinander verrühren und über die Fische geben. Mit den Fingern sanft einmassieren und auch in die Schlitze einarbeiten. Für 1 Stunde beiseitestellen.

2 Den Backofen auf 180 °C vorheizen und ein tiefes Backblech mit Alufolie auslegen. Großzügig mit Öl bestreichen, die Fische darauflegen und auf der mittleren Schiene 20 Minuten garen.

3 Für die Sauce das Öl bei mittlerer Hitze in einer Pfanne erhitzen. Wenn es zu rauchen beginnt, die Pfanne vom Herd nehmen. Erst die Senfsaat, dann die Zwiebeln zugeben. Die Zwiebeln unter Rühren glasig dünsten.

4 Die zerstoßene Chili dazugeben und 1 Minute mitbraten. Mit 120 Millilitern warmem Wasser auffüllen und für 2–3 Minuten weiterköcheln lassen. Währenddessen die fertigen Fische auf vier Teller verteilen.

5 Den Bratensaft des Fischs zu der Zwiebelsauce geben, den Koriander unterheben und 1 Minute köcheln lassen. Die Sauce über die Fische löffeln und mit gekochtem Basmatireis servieren.

Murgh do Piaza
Hühnchen mit gebratenen Zwiebeln und Schalotten

Dieses verschwenderisch gewürzte Hühnchengericht ist mit Basmatireis und frischen Gemüsebeilagen serviert ein leichtes Abendessen für laue Sommerabende. Die Zwiebeln sautiert man mit Tomaten und Gewürzen, was ihnen ein vielschichtiges Aroma verleiht. Die Schalotten dagegen werden erst gegen Ende der Kochzeit im Ganzen angebräunt und zugegeben.

1 Die Hühnchenwürfel in eine Schüssel geben und mit dem Zitronensaft und dem Salz vermengen. Die Schüssel abdecken und 30 Minuten kühl stellen.

2 In einer mittelgroßen beschichteten Pfanne das Öl erhitzen und die Zwiebeln, das Ingwer- sowie das Knoblauchpüree bei mittlerer Hitze 7–8 Minuten darin sautieren, bis die Mischung zu bräunen beginnt.

3 Koriander, Kreuzkümmel, Kurkuma und Chilipulver zugeben und 1 Minute mitköcheln lassen. Dann die Tomaten mit ihrem Saft zugeben und unter regelmäßigem Rühren köcheln lassen, bis die Tomaten eine sämige Konsistenz haben und das Öl sich zu trennen beginnt.

4 Die Hitze erhöhen und das Hühnchen dazugeben. Unter ständigem Rühren etwa 4–5 Minuten garen.

5 Mit 250 Millilitern warmem Wasser aufgießen, einmal aufkochen und die Hitze dann reduzieren. Den Deckel auflegen und unter gelegentlichem Rühren 15–20 Minuten leise köcheln lassen.

6 Das Ghee in einer zweiten Pfanne erhitzen und die Schalotten unter Rühren anbräunen. Das Garam Masala unterheben und die Mischung zu dem Hühnchen geben. Bei mittlerer Hitze köcheln lassen, bis die Sauce eindickt. Gelegentlich umrühren.

7 Die Minze, die Chilischoten und den gehackten Koriander unterrühren und 1–2 Minuten fertig kochen. Mit Naan, frischen Gemüsebeilagen und einem kühlen Bier servieren.

Ergibt 4 Portionen

700 g Hähnchenschlegl oder Hühnerbrustfilet ohne Haut, in ca. 5 cm große Würfel geschnitten

Saft von ½ Zitrone

1 TL Salz

4 EL Sonnenblumenöl

2 mittlere Zwiebeln, fein gehackt

1 EL fein geriebener Ingwer

1 EL Knoblauchpüree

1½ TL gemahlener Koriander

1 TL gemahlener Kreuzkümmel

1 EL gemahlene Kurkuma

½–1 TL Chilipulver

225 g stückige Tomaten aus der Dose

1 EL Ghee (alternativ 1 TL Butter plus 2 TL Öl)

8–10 kleine Schalotten

½–1 TL Garam Masala

1 EL frisch gehackte Minze

4–5 grüne Chilischoten, gründlich gewaschen

2 EL frisch gehackter Koriander

NÄHRWERT JE PORTION: 401 kcal – 1678 kJ – 42,6 g Protein – 18,2 g Kohlenhydrate, davon 10,6 g Zucker – 18,3 g Fett, davon 3,3 g gesättigte Fettsäuren – 75 mg Cholesterin – 99 mg Kalzium – 3,7 g Ballaststoffe – 143 mg Natrium

Murgh Makhani
Hühnchen in Buttersauce

Murgh Makhani oder Butterhühnchen ist eines der beliebtesten Gerichte Indiens und eine Erfindung kreativer indischer Köche, die nach einem Weg suchten, Tandoori-Hühnchen nochmals aufzuwärmen, ohne dass es trocken wird. Sie können jegliche Tandoori-Reste, üblicherweise mit Knochen gekocht, verwenden oder, wie hier, das Hühnchen frisch zubereiten.

Ergibt 4 Portionen

Für das Hühnchen:

700 g Hühnerbrustfilet ohne Haut, in 5 cm große Würfel geschnitten

Saft von ½ Zitrone

1 TL Salz

115 g griechischer Joghurt (alternativ stichfester Joghurt)

1 EL Ingwerpüree

1 EL Knoblauchpüree

½ TL gemahlene Kurkuma

1 TL Garam Masala

½ TL Chilipulver

2 TL Kichererbsenmehl oder Maisstärke

1 TL Zucker

3 EL Sonnenblumenöl

50 g Butter, zerlassen

5–6 Metall- oder Holzspieße

Für die Sauce:

150 g Butter

½ Zimtstange, zerbrochen

3 Kardamomkapseln, zerstoßen

4 Nelken

2 grüne Chilischoten, grob gehackt

1 EL Knoblauchpüree

1 EL Ingwerpüree

400 g stückige Tomaten aus der Dose

2 EL Tomatenmark

2 TL Zucker

2 TL Salz

1–2 TL Chilipulver

2 TL getrocknete Bockshornkleeblätter

150 g Crème double oder Sahne

1 Das Hühnchenfleisch in eine Schüssel geben, den Zitronensaft und das Salz einarbeiten und für 30 Minuten beiseitestellen. Die restlichen Zutaten für das Hühnchen, mit Ausnahme der zerlassenen Butter, in einer Schüssel gründlich verrühren. Das Hühnchen unterheben und mit der Marinade vollständig bedecken. Abdecken und 2–3 Stunden oder über Nacht kalt stellen. Vor der weiteren Verarbeitung Raumtemperatur annehmen lassen.

2 Einen Grill, einen Backofengrill oder eine Grillpfanne vorheizen und die Spieße mit Öl bestreichen. Falls Sie Holzstäbchen benutzen, diese zuvor 30 Minuten in Wasser einweichen.

3 Die Fleischstücke auf die Spieße stecken, die übrige Marinade aufbewahren. Die Hühnchenspieße 5 Minuten grillen. Währenddessen die Marinade mit der zerlassenen Butter vermengen, die Spieße vom Grill nehmen und großzügig damit bestreichen. Nochmals 3–4 Minuten grillen, bis sie gut gebräunt sind. Die Spieße wenden, die übrige Marinade daraufgeben und weitere 2–3 Minuten grillen. Vom Herd nehmen und in Alufolie warm halten.

4 Für die Sauce die Hälfte der Butter bei geringer Hitze zerlassen. Die Gewürze, das Ingwer- und das Knoblauchpüree zugeben und 2–3 Minuten kochen. 200 Milliliter warmes Wasser und die übrigen Zutaten bis auf die Sahne unterrühren, den Deckel auflegen und 20 Minuten köcheln lassen.

5 Die Sauce vom Herd nehmen, etwas abkühlen lassen und mithilfe eines Pürierstabs zu einer glatten Sauce verarbeiten. Man kann die Sauce stattdessen auch durch ein feines Sieb drücken.

6 Den Topf mit der Sauce zurück auf den Herd stellen, die restliche Butter sowie die Sahne unterrühren. Leise köcheln lassen, dann die gebratenen Hühnchenwürfel zugeben und nochmals 5–6 Minuten köcheln lassen. Mit Naan oder gekochtem Reis servieren.

NÄHRWERT JE PORTION: 793 kcal – 3293 kJ – 45,8 g Protein – 14,2 g Kohlenhydrate, davon 9 g Zucker – 64,4 g Fett, davon 37,1 g gesättigte Fettsäuren – 227 mg Cholesterin – 102 mg Kalzium – 1,2 g Ballaststoffe – 1491 mg Natrium

Nawabi Raan

Königliche Lammkeule

Dieses Gericht ist typisch für die königliche Küche aus der Zeit des mongolischen Kriegers Chengiz Khan (13. Jahrhundert). Und dabei ist es ganz einfach: Sobald die Lammkeule eingelegt ist, kann man sich um anderes kümmern. Der verwendete Joghurt sollte abgetropft und dadurch dick sein – griechischer Joghurt ist ideal. Falls Sie den aber nicht bekommen, nehmen Sie stichfesten, vollfetten Naturjoghurt und lassen ihn in einem Musselintuch abtropfen.

1 Das überschüssige Fett an der Lammkeule entfernen und mit einem scharfen Messer seitlich kleine, tiefe Einschnitte machen, damit das Aroma der Marinade schön eindringen kann. In eine tiefe Auflaufform legen, mit Rotweinessig übergießen und mit Salz bestreuen. Mit den Fingern in die Haut und in die Einschnitte einarbeiten und für 1 Stunde beiseitestellen.

2 Alle Zutaten für die Marinade, bis auf die Butter, im Mixer oder mit dem Pürierstab zerkleinern. Auf das Fleisch geben und mit den Fingern gut einarbeiten. Abdecken und für 6–8 Stunden oder über Nacht kühl stellen. Vor der weiteren Verwendung etwa 2 Stunden Raumtemperatur annehmen lassen.

3 Den Backofen auf 180 °C vorheizen. Die Lammkeule drehen und überall noch einmal mit der Marinade begießen. So viel Wasser zugeben, dass die Lammkeule zu drei Vierteln in Flüssigkeit liegt. Mit Alufolie abdecken und auf der mittleren Backofenschiene 1 Stunde garen. Die Keule dann wenden und nochmals für 1 Stunde weitergaren.

4 Die Folie entfernen, die Keule mit der Bratflüssigkeit begießen und 6–7 Minuten im Backofen weitergaren. Anschließend mit der zerlassenen Butter bestreichen und weitere 6–8 Minuten garen. Die Keule dann auf einen Servierteller geben und die Bratensäfte durch ein Sieb gießen. Beiseitestellen.

5 Für die Sauce die Butter bei geringer Hitze zerlassen. Kardamom, Muskat und Pfeffer zugeben, einmal umrühren und mit dem Bratensaft aufgießen. Das Kichererbsenmehl mit etwas Wasser anrühren und die Sauce damit zur gewünschten Konsistenz abbinden. Brandy und Sahne unterrühren, 3–4 Minuten köcheln lassen und dann vom Herd nehmen.

6 Etwas Sauce über das Fleisch löffeln, mit gerösteten Mandelblättchen bestreuen und mit Zwiebelringen, Minze und Zitronenspalten garnieren. Die übrige Sauce separat dazureichen.

Ergibt 4–6 Portionen

3 kg Lammkeule
120 ml Rotweinessig
1¼ TL Salz

Für die Marinade:
50 g Mandeln ohne Haut
1 Prise Safran, angedrückt
1 große Zwiebel, grob gehackt
5 cm frischer Ingwer, gehackt
4–5 Knoblauchzehen, grob gehackt
75 g griechischer Joghurt
1 TL Chilipulver
1 TL gemahlener Kreuzkümmel (Cumin)
25 g Butter, zerlassen

Für die Sauce:
1 EL Butter
½ TL gemahlener Kardamom
¼ TL frisch geriebene Muskatnuss
½ TL frisch gemahlener schwarzer Pfeffer
1 EL Kichererbsenmehl
2 EL Brandy
100 g Crème double oder Sahne

1 EL Mandelblättchen, geröstet, zum Garnieren

1 rote Zwiebel, in Ringe geschnitten, zum Garnieren

Minzzweige und Zitronenspalten zum Servieren

NÄHRWERT JE PORTION: 661 kcal – 2746 kJ – 56,5 g Protein – 4,1 g Kohlenhydrate, davon 1,1 g Zucker – 46,5 g Fett, davon 22 g gesättigte Fettsäuren – 242 mg Cholesterin – 66 mg Kalzium – 0,9 g Ballaststoffe – 185 mg Natrium

Rogan Josh

Lamm in reichhaltiger Chili-Tomaten-Sauce

Als eines der beliebtesten Gerichte mit Lamm in der Region von Kaschmir eignet sich dieses Rezept perfekt für opulente Festtagsmahle. Seinen intensiven Rotton erhält es durch die Verwendung von Kaschmiri-Chilipulver, das eine angenehme Schärfe hat.

Ergibt 4 Portionen

700 g entbeinte Lammkeule, in 2,5 cm große Würfel geschnitten

2 EL Rotweinessig

1 TL Salz

50 g Ghee oder Butter

2 EL Sonnenblumenöl

½ Zimtstange

2 Kardamomkapseln, angedrückt

5 Nelken

1 große Zwiebel, fein gewürfelt

2 TL Ingwerpüree

2 TL Knoblauchpüree

1½ TL gemahlener Koriander

2 TL gemahlener Kreuzkümmel

1 TL gemahlene Kurkuma

½–1½ TL Kaschmiri-Chilipulver

400 g stückige Tomaten aus der Dose

½ TL gemahlener Kardamom

½ TL gemahlene Muskatnuss

2 EL frisch gehackter Koriander

Tipp

Kaschmiri-Chilipulver kann durch normales Chilipulver mit etwas Rote-Bete-Saft vermischt ersetzt werden.

NÄHRWERT JE PORTION: 557 kcal – 2334 kJ – 54,2 g Protein – 20,4 g Kohlenhydrate, davon 18,7 g Zucker – 29,5 g Fett, davon 13,5 g gesättigte Fettsäuren – 190 mg Cholesterin – 139 mg Kalzium – 4,6 g Ballaststoffe – 277 mg Natrium

1 Das Fleisch in eine nichtmetallene Schüssel geben und mit Rotweinessig begießen und mit Salz bestreuen. Mit den Fingern gut ins Fleisch reiben, abdecken und für 1 Stunde beiseitestellen.

2 Von dem Ghee 1 Esslöffel für die spätere Verwendung beiseitestellen, das übrige mit dem Öl in einer großen Pfanne mit schwerem Boden bei mittlerer Hitze zerlassen. Zimtstange, Kardamom und Nelken zugeben und 1 Minute unter Rühren rösten, sodass sie ihre Aromen freisetzen.

3 Die Zwiebel zugeben, die Hitze leicht erhöhen und für 5–6 Minuten andünsten. Ingwer- und Knoblauchpüree unterrühren und bräunen.

4 Gemahlenen Koriander, Kreuzkümmel, Kurkuma und Chilipulver zugeben, 1 Minute rösten lassen, dann die Hälfte der Tomaten zugeben. Bei mittlerer Hitze so lange kochen, bis der Tomatensaft verdunstet ist, dann die übrigen Tomaten unterrühren. Zu einer dicken Paste einkochen, bis das Fett sich trennt.

5 Das Fleisch zugeben, die Hitze erhöhen und gut anbräunen. Mit 150 Millilitern warmem Wasser aufgießen und aufkochen. Die Hitze dann reduzieren, den Deckel aufsetzen und für 45–50 Minuten leise köcheln lassen. Gelegentlich umrühren.

6 In einer kleinen Pfanne das zurückbehaltene Ghee bei geringer Hitze zerlassen und den gemahlenen Kardamom sowie das Muskat darin sanft 25–30 Sekunden anbraten. Diese Gewürzbutter über das Fleisch gießen und die Hälfte des gehackten Korianders unterheben. Den Fleischtopf vom Herd nehmen und mit dem restlichen Koriander garnieren. Mit gekochtem Basmatireis oder Naan servieren. Dazu passen auch Gemüsebeilagen wie Blumenkohl, Auberginen oder grüne Erbsen in Senföl.

Subziyon ka Korma
Gemüse-Korma

Korma ist eine indische Sauce mit Mandeln und Gewürzen, die ursprünglich vor allem für Hühnchen- und Fleischgerichte verwendet wurde. Sie ist jedoch so beliebt, dass man zwischenzeitlich auch viele Fisch- und Gemüsegerichte mit ihr verfeinert. Für dieses Gericht ist es wichtig, das Gemüse nur einige Minuten zu blanchieren, denn sonst wird es überkocht und breiig und verliert Biss und Aroma. Dazu einfach gekochten Basmatireis servieren.

1 Jede Gemüsesorte separat in kochendem Salzwasser blanchieren – die Bohnen 3 Minuten, den Blumenkohl 3 Minuten und die Karotten 5 Minuten – und sofort in Eiswasser abschrecken. Die gekochten Kartoffeln in 2,5 Zentimeter große Würfel schneiden.

2 Die Mandeln mit dem Einweichwasser in einem Mixer oder mit dem Pürierstab verarbeiten und beiseitestellen.

3 Das Öl bei mittlerer Hitze in einer schweren Pfanne erhitzen und die Zwiebeln, die grünen Chilis und das Ingwerpüree darin anschwitzen. Für 10–12 Minuten unter Rühren goldbraun anbraten.

4 Koriander, Kurkuma und Chilipulver zugeben, die Hitze reduzieren und für 1 Minute weiterbraten.

5 Gemüse, Salz und Zucker unterheben, mit dem Mandel-Wasser-Gemisch aufgießen, einmal umrühren und aufkochen. Die Hitze dann reduzieren, die Crème double zugeben und nach 2–3 Minuten servieren.

Ergibt 4 Portionen

375 g Blumenkohl, in 1 cm große Röschen geteilt

115 g Karotten, in Stifte geschnitten

115 g junge grüne Stangenbohnen, in 5 cm große Stücke geschnitten

375 g Kartoffeln, mit Schale gekocht und ausgekühlt

50 g blanchierte Mandeln, 20 Minuten in 150 ml kochendem Wasser eingeweicht

4 EL Sonnenblumenöl

2 mittlere Zwiebeln, fein gewürfelt

2 grüne Chilischoten, entkernt und fein gehackt

2 TL Ingwerpüree

1 EL gemahlener Koriander

¼ TL gemahlene Kurkuma

½ TL Chilipulver

1 TL Salz

½ TL Zucker

120 g Crème double oder Sahne

NÄHRWERT JE PORTION: 381 kcal – 1577 kJ – 5,1 g Protein – 20,9 g Kohlenhydrate, davon 9,9 g Zucker – 31,4 g Fett, davon 19,3 g gesättigte Fettsäuren – 78 mg Cholesterin – 95 mg Kalzium – 3,9 g Ballaststoffe – 108 mg Natrium

Methi Chaman

Indischer Käse mit Bockshornklee und Spinat

Das dominante Aroma in diesem wunderbar würzigen Gericht ist der getrocknete Bockshornklee. Der hier verwendete indische Käse Paneer enthält die gleiche Menge an Protein wie Fleisch und ist deswegen ideal für Vegetarier.

Ergibt 4 Portionen

225 g Paneer

4 EL Sonnenblumenöl

1 große Zwiebel, grob gehackt

25 g frischer Ingwer, grob gehackt

4 große Knoblauchzehen, grob gehackt

1 EL getrocknete Bockshornkleeblätter

1–2 frische rote Chilischoten, entkernt, falls gewünscht, und gehackt

1 TL gemahlener Kreuzkümmel

1 TL gemahlener Koriander

½ TL Chilipulver

½ TL gemahlene Kurkuma

150 g stückige Tomaten aus der Dose

1 EL Tomatenmark

275 g frischen Spinat, gehackt

½ TL Salz

3 EL Crème double oder Sahne

½ TL Garam Masala

1 Den Paneer erst längs in fünf Stücke und dann in etwa 1 Zentimeter große Würfel schneiden.

2 In einer beschichteten Pfanne bei mittlerer Hitze 1 Esslöffel des Öls erhitzen und die Paneerwürfel darin rundum braun anbraten. Vorsicht, das Fett könnte spritzen. Die Würfel dann auf Küchenpapier abtropfen lassen.

3 Zwiebel, Ingwer, Knoblauch, Bockshornklee und Chilis zu einer sämigen Paste pürieren.

4 Das übrige Öl in einer großen Pfanne erhitzen. Das Püree zugeben und bei mittlerer Hitze und unter ständigem Rühren 5–6 Minuten anbraten.

5 Die Hitze reduzieren und den Kreuzkümmel, den Koriander, das Chilipulver und die Kurkuma zugeben. Für 30 Sekunden mitbraten, dann die Tomaten mit ihrem Saft unterrühren und bei mittlerer Hitze köcheln, bis sie etwas eindicken. Dabei regelmäßig umrühren.

6 2–3 Esslöffel Wasser zugeben und nochmals 2 Minuten köcheln lassen. Das Tomatenmark und die Käsewürfel vorsichtig unterrühren.

7 Spinat und Salz zugeben und unter Rühren zusammenfallen lassen. Die Hitze reduzieren und für 3–4 Minuten dünsten.

8 Die Crème double und das Garam Masala unterheben und nach 2–3 Minuten vom Herd nehmen. Mit Naan servieren.

NÄHRWERT JE PORTION: 296 kcal – 1227 kJ – 13 g Protein – 15,6 g Kohlenhydrate, davon 9,8 g Zucker – 21,4 g Fett, davon 6,4 g gesättigte Fettsäuren – 22 mg Cholesterin – 211 mg Kalzium – 3,3 g Ballaststoffe – 333 mg Natrium

Ergibt 4 Portionen

450 g frische grüne Senfblätter, fein gehackt

250 g frische Spinatblätter, fein gehackt

5 cm Ingwer, fein gerieben oder gehackt

4–5 große Knoblauchzehen, fein gehackt

2–3 grüne Chilischoten, entkernt und gehackt

1 TL Salz

1 TL dunkler brauner Zucker

1 EL feines Maismehl oder Polentagrieß

Für die Gewürzbutter:

2 TL Ghee oder Butter

2,5 cm frischer Ingwer, in feine Streifen geschnitten

2 frische rote Chilischoten, entkernt und in feine Streifen geschnitten

½ TL Chilipulver

40 g Butter, gekühlt und in kleine Würfel geschnitten

Tipp

Grüne Senfblätter sind in indischen Lebensmittelgeschäften erhältlich. Sie können durch Senfkohl (z.B. Pak Choi) und einen Löffel scharfen englischen Senfs ersetzt werden.

NÄHRWERT JE PORTION: 138,5 kcal – 573,2 kJ – 4,9 g Protein – 9,5 g Kohlenhydrate, davon 7,8 g Zucker – 9,1 g Fett, davon 5,5 g gesättigte Fettsäuren – 23 mg Cholesterin – 173 mg Kalzium – 4,1 g Ballaststoffe – 172,5 mg Natrium

Sarson ka Saag

Grüne Senfblätter mit Ingwer, Chili und Knoblauch

Diese köstliche Beilage aus Punjabi besteht aus grünen Senfblättern, die erst blanchiert und püriert und dann mit gebratenen Zwiebeln, Ingwer, grünen Chilis und Knoblauch gemischt werden. Serviert wird sie mit kalten Butterstückchen.

1 Das Mehl in eine große Rührschüssel sieben und das Backpulver, das Salz und den Zucker gründlich untermischen. Die Butter mit den Fingern einarbeiten und die Milch nach und nach zugeben, bis ein glatter Teig entstanden ist. Auf eine bemehlte Arbeitsfläche geben und dort 5 Minuten kneten. In ein feuchtes Tuch wickeln und 30 Minuten ruhen lassen.

2 Das Püree bei mittlerer Hitze aufkochen, sodass es blubbert, dann Salz, Zucker und Maismehl unterrühren. Die Hitze reduzieren und unter Rühren 15–20 Minuten einkochen.

3 In einer kleinen Pfanne das Ghee zerlassen und den Ingwer sowie die roten Chilis zugeben. Etwa 1 Minute anbraten, mit Chilipulver würzen und die Gewürzbutter über das Senfpüree träufeln.

4 Das Senfpüree in eine Servierschüssel umfüllen und mit kalten Butterwürfeln garnieren. Die beißenden Aromen dieses Gerichts kommen besonders gut zur Geltung, wenn man punjabisches Maismehlbrot dazu serviert.

Ergibt 4 Portionen

500 g Weizenmehl Type 550

1 Pck. Backpulver

1 TL Salz

2 TL Zucker

50 g weiche Butter

250 ml warme Milch

zerlassene Butter zum Bestreichen

Tipp

Naan lässt sich wunderbar variieren: Vor dem Backen mit etwas verquirltem Ei oder Naturjoghurt bestreichen und mit Kreuzkümmelsamen, Schwarzkümmelsamen, Mohnsamen, gehacktem Knoblauch, gehackter grüner Chili oder frischem Koriandergrün bestreuen.

NÄHRWERT JE PORTION: 630 kcal – 2666 kJ – 18,7 g Protein – 117 g Kohlenhydrate, davon 2,95 g Zucker – 13 g Fett, davon 2,2 g gesättigte Fettsäuren – 127 mg Cholesterin – 246 mg Kalzium – 4,6 g Ballaststoffe – 712 mg Natrium

Naan

Gesäuertes Brot

Dieses Grundrezept für Naan kann durch Kerne, Samen, Kräuter oder Chili ganz einfach variiert werden. Es passt besonders gut zu allen indischen Currys und ergibt auch pur einen sättigenden Snack.

1 Das Mehl in eine große Rührschüssel sieben und das Backpulver, das Salz und den Zucker gründlich untermischen. Die Butter mit den Fingern einarbeiten und die Milch nach und nach zugeben, bis ein glatter Teig entstanden ist. Auf eine bemehlte Arbeitsfläche geben und dort 5 Minuten kneten. In ein feuchtes Tuch wickeln und 30 Minuten ruhen lassen.

2 Den Backofengrill 8–10 Minuten vorheizen. Währenddessen eine ofenfeste Pfanne mit Alufolie auskleiden und die Folie mit etwas Öl bestreichen.

3 Den Teig in acht gleich große Kugeln teilen und flach drücken. Die Kreise sollten etwa 13 Zentimeter Durchmesser haben. Für die traditionelle Form einer Träne einfach eine Seite sanft nach unten ziehen. Noch einmal flach darüberrollen, dabei aber die Form beibehalten, sodass eine etwa 23 Zentimeter große Teigträne entsteht.

4 In die Grillpfanne legen und etwa 13 Zentimeter unter den Heizstäben in den Ofen schieben. Für 1½ Minuten backen, dabei gut beobachten, da der Teig sehr schnell verbrennt, wenn er erst einmal Blasen wirft. Umdrehen, noch einmal 1 Minute backen.

5 Das gebackene Naan mit zerlassener Butter bestreichen und in ein sauberes Handtuch wickeln, sodass es nicht auskühlt, während die anderen Brote gebacken werden. Naan passt zu jedem Fleisch-, Geflügel- oder Gemüsegericht.

Ergibt 8 Portionen

175 g feines Maismehl

90 g Weizenmehl Type 405

½ TL Salz

Butter zum Servieren

Tipp

Falls Sie das Maismehl durch Polentagrieß ersetzen, sollten Sie darauf achten, dass Sie keine Schnellkoch-Variante verwenden, denn die hat weniger Aroma.

NÄHRWERT JE PORTION: 119 kcal – 500 kJ – 3,1 g Protein – 24,7 g Kohlenhydrate, davon 0,2 g Zucker – 0,9 g Fett, davon 0 g gesättigte Fettsäuren – 0 mg Cholesterin – 17 mg Kalzium – 0,8 g Ballaststoffe – 123 mg Natrium

Makki ki Roti
Punjabische Maisfladen

Diese Maisfladen sind die Stütze der punjabischen Küche und wirklich einfach herzustellen. Feines Maismehl finden Sie in indischen Lebensmittelläden und in Naturkostläden. Man kann es auch durch feinen Polentagrieß ersetzen, die es in jedem gut sortierten Supermarkt zu kaufen gibt.

1 Maismehl, Weizenmehl und Salz miteinander vermischen. Nach und nach 250–300 Milliliter warmes Wasser unterrühren und zu einem feuchten, festen Teig verarbeiten. Auf eine bemehlte Arbeitsfläche geben und den Teig kneten, bis er weich und geschmeidig ist.

2 Den Teig in ein feuchtes Küchentuch wickeln und 30 Minuten ruhen lassen. Währenddessen eine Grillpfanne bei mittlerer Hitze erwärmen.

3 Aus dem Teig acht Bällchen formen und zwischen den Handflächen behutsam zu Kreisen von etwa 13 Zentimetern Durchmesser drehen. Einfacher geht es, wenn man den Teig zwischen zwei Plastikfolien legt und dann formt.

4 Die so entstandenen Fladen einzeln in die Grillpfanne geben und 1 Minute backen, umdrehen und fertigbacken. Das Brot ist gar, wenn es fest und auf beiden Seiten leicht gebräunt ist.

5 Den fertigen Fladen aus der Grillpfanne nehmen und eine Seite mit zerlassener Butter bestreichen. Die übrigen Teigfladen ebenso ausbacken und mit indischem Senf servieren, was es zu einem typisch punjabischen Gericht macht.

Kulfi

Indisches Eisdessert

Obwohl es als indische Eiscreme beschrieben wird, hat das beliebte Kulfi eine sehr viel dichtere Struktur. Verschiedene Nüsse und Früchte und sogar Schokolade können der Grundmasse zugegeben werden. Diese schnelle Variante des traditionellen Kulfi-Rezepts wird mit fruchtiger Maracuja garniert.

1 Die Mandeln in 120 Millilitern kochendem Wasser 20 Minuten einweichen.

2 Die Kondensmilch mit der Crème double und dem Zucker in eine Pfanne geben und bei kleiner Hitze erwärmen. Rühren, bis der Zucker sich aufgelöst hat. Vom Herd nehmen und zum Abkühlen beiseitestellen. Dabei ab und zu umrühren, sodass sich keine Haut bildet. Alternativ kann man die Oberfläche auch mit Frischhaltefolie bedecken.

3 Die Mandeln mit dem Einweichwasser pürieren und mit dem Kardamom in die Kondensmilchmischung geben. Gut umrühren und in Kulfi-Formen oder andere kleine, kältebeständige Förmchen gießen. Für mindesten 5–6 Stunden tiefkühlen.

4 Falls Sie kleine Förmchen benutzt haben, gibt es sicherlich keine Probleme, das Eis aus der Form zu lösen. Original Kulfi-Formen oder andere größere Behältnisse etwas antauen lassen, stürzen und portionieren. Mit den gerösteten Mandelblättchen oder dem Maracuja-Fruchtfleisch servieren.

Ergibt 4 Portionen

50 g Mandeln

400 g Kondensmilch

300 g Crème double

115 g extrafeiner Zucker

½ TL gemahlener Kardamom

1 EL geröstete Mandelblättchen oder das Fruchtfleisch und die Kerne von 2 Maracujas zum Garnieren

NÄHRWERT JE PORTION: 260 kcal – 1082 kJ – 10,9 g Protein – 18,3 g Kohlenhydrate, davon 18,1 g Zucker – 16,2 g Fett, davon 7,8 g gesättigte Fettsäuren – 40 mg Cholesterin – 344 mg Kalzium – 0,6 g Ballaststoffe – 171 mg Natrium

Nordostindien

Paleng Sakor Pat Bhoja
Spinatblätter im Teigmantel

Kathal Pakora
Gewürzte Yams-Scheiben

Masor Tenga
Fisch in scharfer Tomatensauce

Poora Haah
Bratente

Jadoh
Zarter Basmatireis mit gewürzter Leber

Bawngsa Rep Leh Hmarchapui Bai
Rindfleischtopf mit grünen Chilis

Phoolgobi, Motor Aru Aloor Jool
Blumenkohl-Erbsen-Kartoffel-Curry

Borar Anja
Linsenbratlinge in würziger Tomatensauce

Bilahir Oambal
Frisches Tomatenchutney mit Palmzucker, Senf und Chili

Kathal aru Paleng Sakor Torkari
Gebratene Yamswurzel mit Spinat

Boga Bhaat
Gegarter Reis

Narikolor Laddu
Kokosbällchen

Der Nordosten Indiens

Sieben Staaten bilden den Nordosten Indiens. Es ist ein malerisches Hügelland, das an die östlichen Ausläufer des Himalajas grenzt, die sich über Nepal, Bhutan und China erheben. Diese Staaten sind von Land umschlossen, das Meer erreicht man nur über Bangladesch oder Myanmar (Burma), weshalb in der regionalen Küche mehr Fleisch und Milchprodukte verarbeitet werden als Fisch. Frischwasserfische aus dem Brahmaputra und seinen Nebenflüssen bieten allerdings eine willkommene Abwechslung.

Wegen seiner Verbindung zum Teeanbau ist Assam vielleicht der bekannteste der nordöstlichen Staaten. Menschen aus den unterschiedlichsten Kulturen und Zivilisationen fanden hier ihren Lebensraum: auch Draviden, Indo-Mongolen, Tibeter und Burmesen haben zu dieser einzigartigen Gemeinschaft beigetragen. Die Erde ist fruchtbar und das Klima meist mild. In diesem Staat gibt es über 700 Teeplantagen, und ungefähr 55 Prozent der Ernte wird in andere Länder exportiert, was sage und schreibe 15,6 Prozent der weltweiten Teeproduktion ausmacht. Das Essen in Assam ist einfach und nahrhaft, Fisch und Reis werden beinahe täglich gegessen, aber auch Gemüse ist sehr wichtig. Assam ist vermutlich der einzige indische Staat, in dem gesunde Ernährung zur Lebensart gehört. Beim Kochen wird nur sehr wenig Fett, dafür aber jede Menge frisches Gemüse und Hülsenfrüchte eingesetzt, denen mit Knoblauch, Senföl und Chilis Feuer verliehen wird. Zu den Delikatessen Assams gehören so ausgefallene Gerichte wie Bananenblütencurry oder auch ein Curry aus Tomaten und Zitronen, das Tenga genannt wird. Die Assamesen haben außerdem das Khar entwickelt, ein Gericht aus rohen Papayas, Bananen oder einer Mischung aus Erbsen, Bohnen und Gemüse, zum Beispiel Kürbis. Khar soll die Verdauung fördern, da es das aus der Asche verbrannter Bananen gewonnene Kharoni enthält.

Zu den kleineren, entlegeneren Staaten, die sich an den Hängen des Himalajas drängen, gehört auch Arunachal Pradesh, „das Land der aufgehenden Sonne", wie es wegen seiner Lage am Ostrand des Landes genannt wird. Es ruht im Schatten der hohen, schneebedeckten Gipfel, und die dichten, immergrünen Wälder und gewundenen Flüsse bieten einen herrlichen Anblick. Die meisten Menschen hier haben tibetische oder burmesische Vorfahren und sie führen die kulinarischen Traditionen dieser Länder fort. Fleisch, meist Lamm, Ziege oder Yak, ist die Grundlage vieler Gerichte, und die Köche in Arunachal Pradesh brauchen nicht viele Gewürze, nur Knoblauch, Ingwer, Chilis und regional wachsende aromatische Kräuter.

Die anderen fünf kleineren Staaten Nordostindiens, Meghalaya, Manipur, Tripura, Nagaland und Mizoram, weisen ähnliche klimatische Bedingungen und Landschaften auf. Das unebene Terrain mit seinen Hügeln und Bergen begrenzt die landwirtschaftlichen Möglichkeiten. Es wird hauptsächlich Fleisch für den lokalen Verbrauch produziert und Tee ist die Hauptexportware. Doch auch viele Gewürze, Obst- und Gemüsesorten wachsen hier und bereichern die wunderbar frische Küche, die außerdem sehr nahrhaft ist. Eine der beliebtesten Gemüsesorten ist die Yamswurzel, die frittiert oder mit Spinat, Tomaten und Gewürzen zu einer interessanten Beilage verarbeitet wird. Reis ist das Grundnahrungsmittel, und in den Tälern liegen viele kleine Reisfelder, die in diesem warmen, feuchten Klima gut gedeihen.

Paleng Sakor Pat Bhoja
Spinatblätter im Teigmantel

Für dieses einfach zuzubereitende Gericht dippt man große, junge Spinatblätter in würzigen Kichererbsenmehlteig und frittiert sie dann knusprig. Jeder Bissen verströmt ein vielschichtiges Aroma an Chili, Kreuzkümmel, Schwarzkümmel und Kurkuma.

1 Die Spinatblätter gründlich waschen ohne sie zu verletzen. Die Stiele etwas kürzen und die Blätter mit Küchenpapier trocken tupfen.

2 Das Kichererbsenmehl in eine große Rührschüssel sieben und die übrigen Zutaten, außer das Frittieröl, zugeben und gut miteinander vermischen. Nach und nach 175 Milliliter Wasser zugießen und zu einem geschmeidigen, glatten Teig verrühren.

3 Das Öl in einem Wok oder in einer anderen passenden Pfanne erhitzen. Es hat die richtige Temperatur, wenn ein wenig hineingetropfter Teig sofort an die Oberfläche steigt, ohne zu bräunen. Wenn Sie ein Kochthermometer benutzen, sollte die Temperatur bei 180 °C liegen.

4 Jeweils zwei bis drei Spinatblätter auf einmal ausbacken. Dafür jedes Spinatblatt am Stiel fassen, in den Teig tauchen und darauf achten, dass auch der Stiel größtenteils bedeckt ist. Sofort in das heiße Öl geben und etwa 1–1½ Minuten goldbraun und knusprig ausbacken. Auf Küchenpapier kurz abtropfen lassen und gleich servieren.

Ergibt 4 Portionen

12 große Spinatblätter
70 g Kichererbsenmehl
30 g Reismehl
½ TL gemahlene Kurkuma
½ TL Chilipulver
1 TL Kreuzkümmelsamen
1 TL Schwarzkümmelsamen
½ TL Salz
Öl zum Frittieren

NÄHRWERT JE PORTION: 247 kcal – 1027 kJ – 3,2 g Protein – 20,6 g Kohlenhydrate, davon 0,9 g Zucker – 17,5 g Fett, davon 1,9 g gesättigte Fettsäuren – 0 mg Cholesterin – 106 mg Kalzium – 0,9 g Ballaststoffe – 21 mg Natrium

Ergibt 8 Portionen

1 kg Yamswurzel

1 TL Salz

1 TL Kurkuma

1–1½ TL Chilipulver

½ TL Anissamen

25 g Kichererbsenmehl, gesiebt

1 EL Reismehl

Öl zum Frittieren

Kathal Pokora

Gewürzte Yams-Scheiben

In einer dünnen, würzigen Hülle knusprig gebacken, sind diese Scheiben aus der Yamswurzel ein schier unwiderstehlicher Appetithappen. Yamswurzeln sind reich an Proteinen und Kalium und in gut sortierten Supermärkten erhältlich.

1 Die Yamswurzel schälen und in etwa 5 Millimeter dünne Scheiben schneiden. Manche Wurzeln haben dünne Enden und ein recht dickes Mittelstück. Solche Wurzeln diagonal halbieren. In einer großen Schüssel in kaltem Wasser 30 Minuten einweichen, dann abgießen. Nicht trocken tupfen, da sie beim Kontakt mit dem Mehl feucht sein müssen.

2 Die Gewürze mit den Mehlen gut vermischen, die Yams-Scheiben zugeben und mit dem Gewürzmehl vollständig bestäuben.

3 Das Frittieröl in einem Wok oder einer geeigneten Pfanne erhitzen. Die Yams-Scheiben darin nach und nach 3–4 Minuten knusprig und goldbraun ausbacken.

4 Auf Küchenpapier abtropfen lassen. Mit Relish (z.B. Mangorelish), würzigen Mixed Pickles oder Gurken-Joghurt-Raita servieren.

NÄHRWERT JE PORTION: 335 kcal – 1415 kJ – 3,5 g Protein – 53,1 g Kohlenhydrate, davon 1,3 g Zucker – 13,7 g Fett, davon 1,6 g gesättigte Fettsäuren – 0 mg Cholesterin – 39 mg Kalzium – 2,4 g Ballaststoffe – 4 mg Natrium

Masor Tenga

Fisch in scharfer Tomatensauce

Menüs in Assam enden immer mit Masor Tenga, einem Gericht mit Fisch, Tomaten, Limettensaft und einer kräftigen Prise an ganzen Gewürzen. Schnell und einfach herzustellen, ist es eine erfrischende, gesunde und köstliche Wahl. Jeder weißfleischige Fisch kann dafür verwendet werden und der Wahl der Gewürze sind keine Grenzen gesetzt. In dieser Variante erhält das Gericht durch Senf- und Schwarzkümmelsamen ein erdiges Aroma. Auch wenn traditionell frische Tomaten benutzt werden, kommen hier Tomaten aus der Dose zum Einsatz, da sie eine tolle Farbe zaubern.

1 Den Fisch in 5 Zentimeter große Stücke schneiden und auf ein großes Schneidebrett legen. Die Hälfte der Kurkuma und des Salzes sanft in die Filets einmassieren.

2 Das Öl bei mittlerer Hitze bis zum Rauchpunkt erhitzen und die Fischfilets darin portionsweise anbraten, bis sie leicht zu bräunen beginnen. Auf Küchenpapier abtropfen lassen.

3 Die Pfanne vom Herd nehmen und die Senfsaat, die Schwarzkümmelsamen, die Bockshornkleesamen und die Chilis hineingeben. Zurück auf den Herd stellen, die Kartoffelwürfel unterrühren und braten, bis die Kartoffeln goldbraun sind.

4 Übrige Kurkuma und Salz zugeben und mit 250 Millilitern warmem Wasser aufgießen. Einmal aufkochen, die Hitze reduzieren und 5–6 Minuten köcheln lassen, bis die Kartoffeln weich sind.

5 Die Tomaten zugeben und 5–6 Minuten weiterkochen lassen, dann den Fisch zugeben und 5 Minuten garen. Den Limettensaft und den gehackten Koriander unterheben und die Pfanne vom Herd nehmen. Mit Basmatireis servieren.

Ergibt 4 Portionen

700 g weißfleischige Fischfilets

1 TL gemahlene Kurkuma

1 TL Salz

3 EL Senföl

½ TL schwarze Senfsamen

½ TL Schwarzkümmelsamen

10–12 Bockshornkleesamen

2 grüne Chilischoten, halbiert und nach Belieben entkernt

2 kleine Kartoffeln (etwa 200 g), fein gewürfelt

400 g stückige Tomaten aus der Dose

1 EL Limettensaft

1 EL gehackter Koriander

NÄHRWERT JE PORTION: 345 kcal – 1445 kJ – 23 g Protein – 28,3 g Kohlenhydrate, davon 5,6 g Zucker – 16,3 g Fett, davon 4,2 g gesättigte Fettsäuren – 144 mg Cholesterin – 105 mg Kalzium – 2 g Ballaststoffe – 338 mg Natrium

Poora Haah

Bratente

Auch wenn dieses Gericht „Bratente" heißt, wird die Ente nicht im traditionellen Stil gebraten, sondern eher sautiert, bis sie eine schöne braune Farbe hat, und dann in einer würzigen Sauce gegart. Die Ente könnte auch gegrillt und dann in die Sauce gegeben werden. Im Gegensatz zu dem westlichen Stil, die Ente innen rosa zu garen, bevorzugen die Inder gut durchgebratenes Fleisch.

Ergibt 4 Portionen

700 g Ente ohne Haut
1 TL Salz
2 EL Rotweinessig
3 EL Sonnenblumenöl
1 große Zwiebel, fein gehackt
2 TL Ingwerpüree
2 TL Knoblauchpüree
½ TL gemahlener Kreuzkümmel
1 TL gemahlener Koriander
½ TL gemahlene Kurkuma
½ TL Chilipulver
200 g stückige Tomaten aus der Dose
½ TL Garam Masala
2 EL frisch gehackter Koriander

1 Das Fleisch auf eine große Platte legen, das Salz und den Essig einmassieren und 30 Minuten beiseitestellen.

2 In einer großen, beschichteten Pfanne 2 Esslöffel des Öls bei mittlerer Hitze erhitzen. Das Fleisch darin anbraten, bis es schön goldbraun ist und sich eine leichte Kruste gebildet hat. Auf Küchenpapier abtropfen lassen. Alternativ kann man die Entenstücke auch im Ofen oder auf dem Grill braten, dann muss man sie zuvor aber mit Öl bestreichen.

3 Die Zwiebeln im übrigen Öl weich dünsten, das Ingwer- und Knoblauchpüree zugeben und unter Rühren bräunen.

4 Kreuzkümmel, Koriander, Kurkuma und Chilipulver hinzufügen und nach 1 Minute die Tomaten unterrühren. Etwa 4–5 Minuten zu einer dicken Paste einkochen.

5 Die angebratenen Entenstücke dazugeben und mit 250 Millilitern warmem Wasser aufgießen. Einmal aufkochen, die Hitze reduzieren und den Deckel aufsetzen. Bei geringer Hitze 40–45 Minuten sanft köcheln und eindicken lassen.

6 Das Garam Masala und die Hälfte des gehackten Korianders unterheben und mit dem übrigen Koriander garniert servieren. Dazu gekochten Reis reichen.

NÄHRWERT JE PORTION: 361 kcal – 1510 kJ – 37,5 g Protein – 13 g Kohlenhydrate, davon 7,2 g Zucker – 21,3 g Fett, davon 3,5 g gesättigte Fettsäuren – 193 mg Cholesterin – 67,5 mg Kalzium – 1,9 g Ballaststoffe – 204 mg Natrium

Jadoh

Zarter Basmatireis mit gewürzter Leber

Dieses Gericht, das ursprünglich aus dem Bundesstaat Meghalaya stammt, hat als Hauptzutat Schweineleber und ähnelt in der Zubereitung einem Pilaw. Traditionell verwendet man den regional angebauten roten Reis, Basmatireis ist aber eine gute und einfach zu findende Alternative.

1 Den Basmatireis gründlich waschen und in frischem, kaltem Wasser 20 Minuten einweichen. In einem feinmaschigen Sieb gut abtropfen lassen.

2 Die Leber ganz in siedendem Salzwasser 5 Minuten ziehen lassen. Aufsteigende Trübstoffe immer wieder abschöpfen. Herausnehmen und gründlich abtupfen.

3 Wenn es kalt genug zum Anfassen ist, das Fleisch in etwa 1 Zentimeter kleine Würfel schneiden und für einen Moment beiseitestellen.

4 1 Esslöffel des Öls und die Butter bei mittlerer Hitze in einer großen Pfanne erwärmen. Die Leberstücke darin für 2–3 Minuten sautieren, dann herausnehmen und beiseitestellen. Das Öl aus der Pfanne entfernen.

5 In einer anderen Pfanne das übrige Öl bei mittlerer Hitze erwärmen und die Zwiebeln, den Knoblauch, den Ingwer und die roten Chilis darin anbraten, bis die Zwiebeln zu bräunen beginnen.

6 Leber, Reis, Zimtstange, Lorbeerblätter und Salz zugeben, mit 500 Millilitern warmem Wasser aufgießen und aufkochen. Etwa 2 Minuten köcheln lassen, dann die Hitze reduzieren, den Deckel auflegen und weitere 7 Minuten köcheln.

7 Die Pfanne vom Herd nehmen und 10–12 Minuten nachziehen lassen. Den Reis mit der Gabel etwas auflockern und mit grünen Chiliringen garniert servieren.

Ergibt 4 Portionen

250 g Basmatireis

500 g Schweineleber

25 g Butter

4 EL Sonnenblumenöl

1 Zwiebel, fein geschnitten

8 große Knoblauchzehen, leicht zerdrückt

2,5 cm Ingwer, zerstampft oder fein geschnitten

2 frische rote Chilischoten, in schräge Ringe geschnitten

½ Zimtstange

2 Lorbeerblätter

1 TL Salz

1–2 grüne Chilischoten, entkernt und in feine Ringe geschnitten, zum Garnieren

NÄHRWERT JE PORTION: 609 kcal – 2539 kJ – 33 g Protein – 62 g Kohlenhydrate, davon 5,6 g Zucker – 21 g Fett, davon 7,4 g gesättigte Fettsäuren – 340 mg Cholesterin – 52 mg Kalzium – 1,4 g Ballaststoffe – 160 mg Natrium

Bawngsa Rep Leh Hmarchapui Bai
Rindfleischtopf mit grünen Chilis

Dieses Gericht ist typisch für die Mizoram-Küche, in der – ganz im Gegenteil zur übrigen indischen Küche – Gewürze und Aromen sehr reduziert zum Einsatz kommen. Da Mizoram ein von Land umschlossenes Gebiet ist, beschränkt sich die Küche auf die regional erhältlichen Produkte. Traditionell werden in dem Rindfleischtopf nur Ingwer, Zwiebeln und frische grüne Chilis benutzt. Dieses Rezept sieht aber die Zugabe von Chilipulver und frischen roten Chilis vor, um Geschmack und Optik zu perfektionieren. Auch das Marinieren von Rindfleisch in Essig ist eigentlich nicht üblich, aber dadurch wird das Fleisch schön zart und die Aromen dringen besser ein. Servieren Sie dazu Kartoffeln oder gekochten Reis.

Ergibt 4 Portionen

700 g Rindfleisch
1 TL Salz
2 EL Rotweinessig
1 Zwiebel, grob gehackt
5 cm Ingwer, grob gehackt
8 Knoblauchzehen, grob gehackt
1–2 frische rote Chilischoten, entkernt, falls gewünscht, und grob gehackt
1–2 frische grüne Chilischoten, entkernt, falls gewünscht, und grob gehackt
3 EL Sonnenblumenöl
¼ TL Chilipulver
4 -5 frische grüne Chilischoten, quer halbiert

1 Das Fleisch von allem überschüssigem Fett befreien und in etwa 2,5 Zentimeter große Würfel schneiden. In eine große Schüssel geben, mit Salz bestreuen und mit dem Essig begießen. Gut vermischen und 30–40 Minuten marinieren lassen.

2 Zwiebeln, Ingwer, Knoblauch und beide gehackten Chilisorten in einem Mixer fein zerkleinern.

3 Das Öl bei mittlerer Hitze erwärmen und die Zwiebelmischung zugeben. Für 3–4 Minuten anschwitzen, dann das Fleisch und das Chilipulver zugeben. Weitere 4–5 Minuten braten.

4 Mit 300 Millilitern warmem Wasser aufgießen und einmal aufkochen. Die Hitze dann reduzieren und für 1 ½ Stunden leise köcheln lassen. Das Fleisch sollte dann sehr zart sein.

5 Die halbierten grünen Chilis unterheben und die Pfanne vom Herd nehmen. Heiß servieren.

NÄHRWERT JE PORTION: 423 kcal – 1758 kJ – 41,7 g Protein – 8,2 g Kohlenhydrate, davon 5,8 g Zucker – 24,9 g Fett, davon 7,7 g gesättigte Fettsäuren – 102 mg Cholesterin – 42 mg Kalzium – 1,4 g Ballaststoffe – 117 mg Natrium

Phoolgobi, Motor Aru Aloor Jool
Blumenkohl-Erbsen-Kartoffel-Curry

Die Essenregeln der Hindus sehen einige fleischfreie Tage im religiösen Kalender vor. Dieses köstliche Curry wird an solchen Tagen für religiöse Feierlichkeiten zubereitet, ergibt aber auch ein wunderbar leichtes Mittagessen.

1 Die Kartoffeln je nach Größe halbieren oder vierteln. Die Stücke sollten noch relativ groß sein, sodass sie beim Kochen nicht auseinander fallen.

2 Den Blumenkohl in kleine Röschen teilen, waschen und kurz in kochendem Salzwasser blanchieren. Anschließend sofort in eiskaltem Wasser abschrecken.

3 Das Öl in einer großen Pfanne bei mittlerer Hitze erwärmen und die Kartoffeln darin in zwei bis drei Portionen anbraten, bis sie gut gebräunt sind und eine Kruste gebildet haben. Auf Küchenpapier abtropfen lassen.

4 Zwiebeln, Ingwer, Knoblauch und Chilis in demselben Öl bei mittlerer Hitze unter ständigem Rühren anbraten.

5 Kurkuma und Koriander unterrühren, für 1 Minute weiterbraten, dann die Tomaten, die gebratenen Kartoffeln und das Salz zugeben. Mit 400 Millilitern warmem Wasser aufgießen, aufkochen, dann die Hitze reduzieren, den Deckel aufsetzen und 15 Minuten köcheln lassen.

6 Den abgetropften Blumenkohl und die Erbsen unterheben und weitere 5 Minuten köcheln. Von der Hitze nehmen und mit dem gehackten Koriander garniert servieren.

Ergibt 4 Portionen

500 g Kartoffeln

1 kleiner Blumenkohl

3 EL Sonnenblumenöl

1 große Zwiebel, fein geschnitten

1 TL Ingwerpüree

1 TL Knoblauchpüree

2 grüne Chilischoten, entkernt, falls gewünscht, und gehackt

½ TL Kurkuma

1 TL gemahlener Koriander

180 g frische Tomaten, gehackt

1 TL Salz

120 g gefrorene grüne Erbsen

1 EL gehackter Koriander zum Garnieren

NÄHRWERT JE PORTION: 276 kcal – 1153 kJ – 9,7 g Protein – 37 g Kohlenhydrate, davon 11,6 g Zucker – 10,9 g Fett, davon 1,5 g gesättigte Fettsäuren – 0 mg Cholesterin – 89 mg Kalzium – 6,5 g Ballaststoffe – 33,8 mg Natrium

Ergibt 4 Portionen

Für die Linsenbratlinge:

115 g rote Linsen

125 g gehäutet Mungbohnen

1 TL Fenchelsamen

2 grüne Chilischoten, grob gehackt
und entkernt, falls gewünscht

15 g frischer Koriander

½ TL Salz

¼ TL Natron

Öl zum Frittieren

Für die Tomatensauce:

2 EL Senföl

¼ TL schwarze Senfsaat

¼ TL Kreuzkümmelsamen

¼ TL Fenchelsamen

¼ TL Schwarzkümmelsamen

6–8 Bockshornkleesamen

2 grüne Chilischoten, längs halbiert und
entkernt, falls gewünscht

2 kleine Kartoffeln, fein gehackt oder
gerieben

½ TL gemahlene Kurkuma

400 g stückige Tomaten aus der Dose

½ TL Salz

1 EL Limettensaft

1 EL frisch gehackter Koriander

NÄHRWERT JE PORTION: 360 kcal – 1510 kJ – 14 g
Protein – 51,3 g Kohlenhydrate, davon 8,3 g Zucker –
12,3g Fett, davon 1,4 g gesättigte Fettsäuren – 0 mg
Cholesterin – 119,2 mg Kalzium – 5,3 g Ballaststoffe –
25,8 mg Natrium

Borar Anja

Linsenbratlinge in würziger Tomatensauce

Dieses Rezept stammt aus Assam, dem Gebiet mit reichen natürlichen Ressourcen und dem weltbekannten Tee. Die Bratlinge lassen
sich gut im Vorhinein zubereiten und im Kühlschrank aufbewahren.

1 Die Linsen waschen und zusammen mit den Mungbohnen für 3–4 Stunden einweichen.
Abgießen und in einen Mixer geben. Die übrigen Zutaten für die Bratlinge, bis auf das
Frittieröl, zugeben und zu einer groben Paste verarbeiten. Etwa 3 Esslöffel Wasser unter-
rühren, sodass eine glatte, cremige Masse entsteht.

2 Das Öl bei mittlerer Hitze in einem Wok erhitzen. Die Masse für die Linsenbratlinge ess-
löffelweise hineingeben und knusprig ausbacken. Auf Küchenpapier abtropfen lassen.

3 Für die Sauce das Öl bei mittlerer Hitze erwärmen, bis es raucht. Die Pfanne vom Herd
nehmen und Senf-, Kreuzkümmel-, Fenchel-, Schwarzkümmel- und Bockshornkleesamen
sowie die grünen Chilis hineingeben. Die Kartoffeln unterheben und zurück auf den Herd
stellen. Unter Rühren braten, bis die Kartoffeln zu bräunen beginnen. Kurkuma, Tomaten
und Salz unterrühren, mit 300 Millilitern warmem Wasser aufgießen und einmal aufkochen.
Die Hitze reduzieren und für 3–4 Minuten köcheln lassen. Die Kartoffeln sollten weich sein.

4 Die Linsenbratlinge zugeben und weitere 3–4 Minuten köcheln lassen. Limettensaft und
Koriandergrün unterheben, die Pfanne vom Herd nehmen und mit gekochtem Basmatireis
servieren.

Bilahir Oambal

Frisches Tomatenchutney mit Palmzucker, Senf und Chili

Mit seinem ausgeprägten süßen, scharfen und leicht brennenden Aroma ist dieses Chutney eine spannendes Extra, das eigentlich zu jedem indischen Gericht passt. Luftdicht im Kühlschrank aufbewahrt, hält es sich 3–4 Wochen.

1 Das Öl bei mittlerer Hitze in einer Pfanne erwärmen. Wenn es heiß ist, aber noch nicht raucht, die Senfsaat hinzugeben.

2 Wenn die Senfsamen zu springen beginnen, die Schwarzkümmelsamen und die Tomaten zufügen. Umrühren, die Hitze reduzieren, den Deckel auflegen und 5 Minuten köcheln lassen.

3 Salz, Palmzucker und Kreuzkümmel unterrühren und zugedeckt nochmals 5 Minuten weiterköcheln.

4 Die Rosinen zugeben, den Deckel entfernen und bei mittlerer Hitze in etwa 10 Minuten eindicken lassen. Zwischendurch immer wieder umrühren.

5 Die Pfanne vom Herd nehmen und abkühlen lassen. Kalt zu den verschiedensten indischen Gerichten servieren.

Ergibt 4 Portionen

2 EL Sonnenblumenöl

½ TL schwarze Senfsaat

½ TL Schwarzkümmelsamen

500 g Tomaten, gehäutet und gehackt

1¼ TL Salz

50 g Palmzucker, gerieben

2 TL gemahlener Kreuzkümmel

50 g kernlose Rosinen

Tipp

Palmzucker hat ein süßes, an Wein erinnerndes Aroma und kann durch braunen Zucker ersetzt werden.

NÄHRWERT JE PORTION: 154 kcal – 650 kJ – 1,2 g Protein – 25,6 g Kohlenhydrate, davon 25,6 g Zucker – 5,9 g Fett, davon 0,8 g gesättigte Fettsäuren – 0 mg Cholesterin –21,2 mg Kalzium – 1,5 g Ballaststoffe – 560 mg Natrium

Ergibt 4 Portionen

675 g Yamswurzel

1 TL gemahlene Kurkuma

1 TL Salz

4 EL Senföl

1 TL Ingwerpüree

1 TL Knoblauchpüree

2 grüne Chilischoten, entkernt, falls gewünscht, und gehackt

½ TL gemahlener Kreuzkümmel

250 g Spinat, fein gehackt

150 g Tomaten, fein gehackt

NÄHRWERT JE PORTION: 243 kcal – 1037 kJ – 5,2 g Protein – 55,9g Kohlenhydrate, davon 3,4 g Zucker – 1,5 g Fett, davon 0,3 g gesättigte Fettsäuren – 0 mg Cholesterin – 142 mg Kalzium – 4 g Ballaststoffe – 587 mg Natrium

Kathal aru Paleng Sakor Torkari

Gebratene Yamswurzel mit Spinat

Dieses einfach zuzubereitende und extrem nahrhafte Gericht ist in ganz Nordostindien sehr beliebt. Die Yamswurzel wird geschält, fein gewürfelt und in aromatisiertem Senföl angebraten. Für die wundervoll goldene Farbe wird etwas Kurkuma zugegeben.

1 Die Yamswurzel schälen und in etwa 1 Zentimeter große Würfel schneiden. In kaltem Wasser 30 Minuten einweichen, dann abgießen und trocken tupfen. Die Hälfte der Kurkuma und des Salzes über die Yamswurzel streuen und gut vermischen.

2 Das Öl bei mittlerer Hitze erwärmen und die Yamswürfel darin portionsweise goldbraun anbraten. Auf Küchenpapier abtropfen lassen.

3 In dem übrig gebliebenen Öl in der Pfanne Ingwer, Knoblauch und grüne Chilischoten 1–2 Minuten anbraten. Den Kreuzkümmel und die übrige Kurkuma einrühren. Yamswürfel und Spinat zugeben und unter Rühren braten, bis der Spinat zusammengefallen ist. Dann die Tomaten mit 200 Millilitern warmem Wasser unterrühren.

4 Das übrige Salz einrühren und 4–5 Minuten weiterköcheln lassen, bis die Yamswurzel die Flüssigkeit absorbiert hat. Dieses Gericht passt zu Fleisch-, Hühnchen- oder Fischcurry.

Boga Bhaat

Gegarter Reis

In Indien wird der Reis gekocht, indem man ihn das Wasser aufnehmen lässt. So bleiben alle Nähstoffe erhalten und es geht schnell und einfach. Dafür sollte man den Reis aber immer unbedingt mehrere Male in frischem Wasser waschen. Wenn möglich empfiehlt es sich, auch den Reis vorher einzuweichen.

1 Den Reis mehrmals gründlich waschen, dann für 15–20 Minuten einweichen. In einem feinmaschigen Sieb gut abtropfen lassen.

2 In einem mittleren Topf etwa 550 Milliliter Wasser zum Kochen bringen, Butter und Salz zugeben, dann den Reis unterrühren. Aufkochen und 1 Minute köcheln lassen.

3 Die Hitze reduzieren und den Deckel aufsetzen. Für 8–9 Minuten köcheln lassen, dabei den Topf immer geschlossen halten. Vom Herd ziehen und ungestört 10–12 Minuten quellen lassen.

4 Den Reis mit einer Gabel auflockern und heiß servieren.

Ergibt 4 Portionen

275 g Basmatireis
1 TL Butter
½ TL Salz

NÄHRWERT JE PORTION: 256 kcal – 1071 kJ – 5,1 g Protein – 54,9 g Kohlenhydrate, davon 0 g Zucker – 1,4 g Fett, davon 0,7 g gesättigte Fettsäuren – 3 mg Cholesterin – 13 mg Kalzium – 0 g Ballaststoffe – 255 mg Natrium

Ergibt 16 Bällchen

220 g ungesüßte Kokosflocken

250 ml vollfette Milch

150 g sehr feiner Zucker

1 TL gemahlener Kardamom

NÄHRWERT JE PORTION: 132 kcal – 551 kJ – 1,3 g Protein – 11,5 g Kohlenhydrate, davon 11,5 g Zucker – 9,3 g Fett, davon 7,9 g gesättigte Fettsäuren – 2 mg Cholesterin – 26 mg Kalzium – 1,9 g Ballaststoffe – 13 mg Natrium

Narikolor Laddu

Kokosbällchen

Die schneeweißen mit Kardamom aromatisierten Kokosbällchen werden für alle möglichen feierlichen Anlässe in Assam und Bengal hergestellt. Sie erinnern ein bisschen an Eis, sind aber viel einfacher herzustellen. Unwiderstehlich werden sie, wenn man sie noch in geschmolzene dunkle Schokolade taucht.

1 Kokosflocken, Milch und Zucker in einer beschichteten Pfanne bei mittlerer Hitze unter ständigem Rühren erwärmen, bis der Zucker sich aufgelöst hat.

2 Die Hitze stark reduzieren und unter ständigem Rühren 35–40 Minuten köcheln lassen. Wenn die Kokosmasse nicht mehr an Boden und Rand kleben bleibt, den Kardamom unterrühren und die Pfanne vom Herd nehmen.

3 Die Bällchen formen, solange die Masse noch heiß ist. Eine Schüssel mit warmem Wasser für die Finger bereitstellen und zwischendurch immer mal wieder eintauchen. Die Bällchen passen toll zu Kaffee oder Tee nach dem Essen.

Ostindien

Alur Chop
Mit Hackfleisch gefüllte Kartoffelbällchen

Kathi Roll
Scharfe Hühnchen-Ei-Wraps

Macher Jhol
Fischcurry mit aromatischem Gemüse

Chingrir Pulao
Garnelen-Pilaw

Murgir Jhol
Angloindisches Hühnchencurry

Murgir Pulao
Hühnchen-Pilaw

Rezala
Marinierte Lammkoteletts

Kaach Koler Kari
Kochbananen-Curry

Labra
Gemüse in Ingwer-Kreuzkümmel-Sauce

Bhaja Muger Dal
Würzige Linsenpfanne

Dhakai Paratha
Blättriges Brot aus der Grillpfanne

Luchi
Frittiertes Brot

Bhapa Doi
Gedämpfter süßer Joghurt

Sandesh
Seidenes Frischkäsedessert

Ostindien

Die östlichen Staaten stehen im Schatten Bengals mit seiner Hauptstadt Kolkata (früher Kalkutta). Hier ist der Einfluss der angloindischen Küche auch viele Jahre nach dem Ende der britischen Herrschaft noch immer spürbar. Die bengalische Bevölkerung ist stolz auf ihr vielseitiges kulturelles Erbe – der Poet Rabindranath Tagore ist einer der berühmtesten Söhne des Landes – und die bengalische Esskultur reiht sich in diese künstlerische Tradition ein. Obwohl Gewürze bis ins Mittelalter nur sehr sparsam eingesetzt wurden, haben die Bengalen eine raffinierte Küche entwickelt, die auf regionalen Zutaten beruht. Frischer Ingwer, Kurkuma, Senf und Paprika liefern einen vollen Geschmack, und die typische Fünf-Gewürze-Mischung, die als Panch Phoron bekannt ist, ist durch die Hände der bengalischen Köche entstanden.

Im Golf von Bengalen werden eine Menge Fische und Meeresfrüchte gefangen, was es der einheimischen Bevölkerung ermöglichte, eine unglaubliche Fülle an Fischrezepten zu entwickeln, die in ganz Indien gerühmt werden. Milchprodukte wie Joghurt, Paneer und Ghee werden kreativ eingesetzt, um köstliche süße und pikante Gerichte zu zaubern. Der vielleicht größte Beitrag zum kulinarischen Vermächtnis Indiens ist die fantastische, weit über die Staatsgrenzen hinaus beliebte Dessertpalette Bengals. Süße Leckereien wie Gulab Jamoon (frittierte Milchbällchen in Zuckersirup), Sandesh, eine Art Toffee aus Frischkäse, und cremiger Reispudding mit Zimt- und Koriandergeschmack gehören zu den Rezepten, für die die bengalischen Köche berühmt sind.

Die weiten Felder Bihars im Norden der Region werden von den Gipfeln des Himalajas beschattet und von den Wassern des überwältigenden Gangesstroms genährt, der sich träge aus den Bergen windet und durch Bangladesch (dieser unabhängige muslimische Staat gehörte früher zu Bengal) fließt. In Bihar, das im Landesinneren liegt, ist es im Sommer sehr heiß und im Winter sehr kalt, trotzdem wird hier Weizen angebaut und es wird genauso viel Brot wie Reis verzehrt. Die üblichen Gerichte in Bihar basieren auf Reis, mit schmackhaftem Gemüse gefüllten Fladenbroten, Linsen, rohem Gemüse und Pickles. Dickflüssiger und cremiger Joghurt wird hier hergestellt, indem man Milch so lange kocht, bis sie bis zur Hälfte eingedampft ist. Dadurch hat der Joghurt einen sehr geringen Wassergehalt und ist glatt, köstlich und sehr nahrhaft. Die Menschen von Bihar kochen gerne mit Ghee (geklärter Butter). Außerdem haben sie die vernünftige Angewohnheit beibehalten, frische Kost für den späteren Verzehr zu konservieren. Frisches Sommergemüse wird in der Sonne getrocknet oder zu haltbaren Pickles verarbeitet.

Der Staat Orissa liegt in den tropischen Gebieten und die Temperaturen sind entsprechend. In diesen tiefer gelegenen, feuchteren Teilen Ostindiens wird vor allem Reis angebaut, da das Klima dort ideal dafür ist. Die anderen Haupterzeugnisse sind Zuckerrohr, Kokosnuss und Kurkuma. Allerdings wird der Staat immer wieder von Naturkatastrophen wie Wirbelstürmen, Überflutungen und Dürreperioden heimgesucht, was das Leben der Menschen, die stark von der Landwirtschaft abhängig sind, sehr erschwert. Da Orissa über eine lange Küstenlinie am nördlichsten Ende des Golfs von Bengalen verfügt, werden hauptsächlich Fisch und Meeresfrüchte gegessen, die oft in duftenden Kokossaucen gekocht werden. Während der Sommerhitze wird in Orissa gerne ein wunderbar erfrischendes Gericht serviert, das aus gegorenem Reis und hausgemachtem Joghurt besteht und die Körpertemperatur abkühlt.

Alur Chop
Mit Hackfleisch gefüllte Kartoffelbällchen

Dieses Rezept ist von indischen Köchen während der britischen Kolonialzeit entwickelt worden, denn die Briten lieben Kartoffeln. In Kombination mit dem leckeren Hackfleisch und der knusprigen Hülle ergeben die Bällchen so einen fantastischen Snack.

1 Das Öl bei mittlerer Hitze erhitzen. Wenn es heiß ist, aber noch nicht raucht, erst die Senfsamen, dann die Schwarzkümmelsamen zugeben. Die Zwiebeln unter Rühren darin glasig dünsten. Ingwer, Knoblauch, Chilis und Hackfleisch hinzufügen, die Hitze erhöhen und braten, bis das Hackfleisch zu bräunen beginnt.

2 Die gemahlenen Gewürze zugeben und sanft 1 Minute mitbraten. Die stückigen Tomaten, die Erbsen und das Salz unterheben und bei mittlerer Hitze köcheln lassen, bis die Flüssigkeit fast ganz aufgenommen wurde. Mit Garam Masala und gehacktem Koriander verfeinern, vom Herd nehmen und abkühlen lassen. Dann in 14 gleiche Portionen teilen.

3 Die Kartoffeln abbürsten und mit der Schale weich kochen. Die Kartoffeln pellen und zerstampfen. Das Salz gründlich unterheben und die Kartoffelmasse ebenfalls in 14 gleich große Portionen teilen.

4 Ei und Milch miteinander verquirlen und beiseitestellen.

5 Eine Portion der zerstampften Kartoffeln zu einer Kugel formen und eine Mulde in die Mitte drücken. Die Füllung hineingeben, jedoch genug Rand lassen, sodass man die Bällchen noch gut verschließen kann. Noch einmal abschließend sanft zwischen den Handflächen rollen und so überall gut verschließen, danach etwas flach drücken. Die Bällchen sollten etwa 1 Zentimeter dick sein.

6 Die Bällchen erst in Mehl, dann in der Milch-Eier-Mischung und dann in den Semmelbröseln wälzen.

7 Das Öl zum Frittieren in einer großen, flachen Pfanne erhitzen und die Bällchen darin knusprig-braun ausbacken. Auf Küchenpapier abtropfen lassen und mit Salat oder fruchtigem Chutney servieren.

Ergibt 14 Bällchen

Für die Füllung:
3 EL Sonnenblumenöl
½ TL schwarze Senfsamen
½ TL Schwarzkümmelsamen
1 große Zwiebel, fein gehackt
2 TL Ingwerpüree
2 TL Knoblauchpüree
2 grüne Chilischoten, fein gehackt und, falls gewünscht, entkernt
350 g Hackfleisch (halb Lamm, halb Rind)
1 TL gemahlener Kreuzkümmel
1½ TL gemahlener Koriander
½ TL gemahlene Kurkuma
200 g stückige Tomaten aus der Dose
80 g tiefgekühlt Erbsen
½ TL Salz
½ TL Garam Masala
2 EL gehackter Koriander

Für die Kartoffelbällchen:
1 kg mehligkochende Kartoffeln
½ TL Salz
1 großes Ei
2 EL Milch
2 EL Mehl
115 g Semmelbrösel
Öl zum Frittieren

NÄHRWERT JE PORTION: 270 kcal – 1126 kJ – 9,3 g Protein – 23 g Kohlenhydrate, davon 3,4 g Zucker – 16,3 g Fett, davon 2,7 g gesättigte Fettsäuren – 29 mg Cholesterin – 36 mg Kalzium – 1,8 g Ballaststoffe – 99 mg Natrium

Ergibt 4 Portionen

700 g Hühnchenfleisch ohne Knochen oder Haut

3 EL Sonnenblumenöl zzgl. etwas zum Bestreichen

1 große Zwiebel, fein gehackt

2 TL Ingwerpüree

2 TL Knoblauchpüree

½ TL Kurkuma

½–1 TL Chilipulver

1½ TL gemahlener Koriander

¾ TL Salz

1 EL Zitronensaft

½ TL Garam Masala

2 EL frisch gehackter Koriander

5 Tortillawraps (ø 10 cm)

5 mittlere Eier

1 mittlere rote Zwiebel, in feine Streifen geschnitten, zum Servieren

1 EL frisch gehackter Koriander zum Servieren

1 grüne Chilischote, fein gehackt, zum Servieren

1 EL Zitronensaft zum Servieren

Kathi Roll

Scharfe Hühnchen-Ei-Wraps

Diese pikanten Tortillas mit Hühnchen sind die indische Variante des Fast Foods – aber um so viel aromatischer! Sie sind ein köstlicher Snack und eignen sich auch als leichtes Mittagessen.

1 Das Hühnchenfleisch in kleine Stücke schneiden, sodass sie problemlos durchgegart werden können. Das Öl bei mittlerer Temperatur erhitzen und die Zwiebeln darin 3–4 Minuten hell anschwitzen. Ingwer und Knoblauch zugeben und unter Rühren bräunen.

2 Die Fleischstücke zugeben und die Temperatur erhöhen. Für 3–4 Minuten anbraten, dann Kurkuma, Chilipulver, gemahlenen Koriander, Salz und Zitronensaft unterrühren und nochmals 4–5 Minuten braten. Garam Masala und gehackten Koriander unterheben und vom Herd nehmen. Die Mischung warm halten.

3 Eine große, flache Grillpfanne mit Öl ausstreichen und erhitzen, die Eier miteinander verquirlen. Eine Tortilla in die Pfanne geben und mit Ei großzügig bestreichen. Tortilla in Bewegung halten, bis das Ei zu stocken beginnt. Etwas von der Fleischmischung auf der einen Hälfte der Tortilla verteilen.

4 Rote Zwiebeln, Koriander, Chilis und Zitronensaft miteinander vermischen und je etwas davon auf die Fleischmischung geben. Die Tortilla dann zusammenrollen, halbieren und mit den übrigen ebenso verfahren.

NÄHRWERT JE PORTION: 349 kcal – 1464 kJ – 34,7 g Protein – 26,5 g Kohlenhydrate, davon 4,9 g Zucker – 12,4 g Fett, davon 2,3 g gesättigte Fettsäuren – 60 mg Cholesterin – 90 mg Kalzium – 2,1 g Ballaststoffe – 191 mg Natrium

Ergibt 4–5 Portionen

700 g weißfleischiges Fischfilet, in 5 cm großen Würfeln

1 TL gemahlene Kurkuma

1 TL Salz

4 EL Senföl

¼ TL schwarze Senfsaat

¼ TL Kreuzkümmelsamen

¼ TL Fenchelsamen

¼ TL Schwarzkümmelsamen

5–6 Bockshornkleesamen

2 Lorbeerblätter

2 getrocknete rote Chilischoten

2 frische grüne Chilischoten, gehackt

½ TL gemahlener Kreuzkümmel

1 TL gemahlener Koriander

75 g stückige Tomaten aus der Dose

120 g Kartoffeln, in 1½ cm großen Würfeln

120 g Auberginen, in 1½ cm großen Würfeln

50 g tiefgekühlte Erbsen

2 EL frisch gehackter Koriander

NÄHRWERT JE PORTION: 242 kcal – 1011 kJ – 27,1 g Protein – 7,4 g Kohlenhydrate, davon 1,4 g Zucker – 11,9 g Fett, davon 1,5 g gesättigte Fettsäuren – 0 mg Cholesterin – 184 mg Kalzium – 1,2 g Ballaststoffe – 83 mg Natrium

Macher Jhol
Fischcurry mit aromatischem Gemüse

Dieses beliebte Gericht aus Westbengal wird mit Senföl und einer Gewürzmischung namens Panchphoron abgeschmeckt. Sie besteht aus fünf Gewürzen und verleiht ein unvergleichliches Aroma.

1 Den Fisch auf eine Platte legen und sanft die Hälfte der Kurkuma und des Salzes einreiben. Beiseitestellen. Etwa 2 Esslöffel des Senföls bei mittlerer Temperatur erhitzen. Wenn es fast zu rauchen beginnt, vom Herd nehmen und sofort die Senfsamen hineingeben. Dann Kreuzkümmel-, Fenchel-, Schwarzkümmel- und Bockshornkleesamen sowie die Lorbeerblätter und die Chilis hinzufügen.

2 Die Pfanne zurück auf den Herd stellen und den gemahlen Kreuzkümmel, Koriander und die übrige Kurkuma einrühren. Unter Rühren 30 Sekunden anbraten, dann die stückigen Tomaten zugeben und 4–5 Minuten köcheln lassen.

3 Kartoffel- und Auberginenwürfel mit 350 Millilitern warmem Wasser und dem übrigen Salz zugeben, einmal aufkochen, dann die Hitze reduzieren und zugedeckt 15 Minuten köcheln lassen. Gelegentlich umrühren.

4 Währenddessen das übrige Öl in einer beschichteten Pfanne bis kurz vor den Rauchpunkt erhitzen. Den Fisch portionsweise darin goldbraun anbraten und auf Küchenpapier abtropfen lassen. Den gebratenen Fisch mit den Erbsen in das Curry geben, 4–5 Minuten weiterköcheln lassen, dann den gehackten Koriander unterheben und die Pfanne vom Herd ziehen. Mit gekochtem Reis servieren.

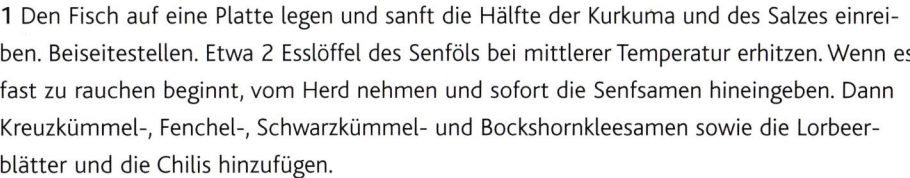

Ergibt 4 Portionen

275 g Basmatireis

4 EL Sonnenblumenöl

1 Zimtstange, zerbrochen

6 Kardamomkapseln, angedrückt

4 Knoblauchzehen

2 Lorbeerblätter, zerpflückt

1 große Zwiebel, in feine Streifen geschnitten

2 TL Ingwerpüree

1 grüne Chilischote, fein gehackt und, falls gewünscht, entkernt

½ TL gemahlene Kurkuma

1 TL Salz

1 EL frisch gehackter Koriander

250 g gekochte und geschälte Garnelen

NÄHRWERT JE PORTION: 440 kcal – 1835 kJ – 17,9 g Protein – 64,1 g Kohlenhydrate, davon 5,6 g Zucker – 12,4 g Fett, davon 1,3 g gesättigte Fettsäuren – 122 mg Cholesterin – 94 mg Kalzium – 1,4 g Ballaststoffe – 1235 mg Natrium

Chingrir Pulao
Garnelen-Pilaw

Bengal ist bekannt für seinen Fisch und Meeresfrüchte und dieser Pilaw nutzt eine sehr einfache Zubereitungsmethode für Garnelen. Obwohl es ein eigenständiges Gericht ist, passt es als Beilage auch gut zu Gerichten mit Fleisch, Geflügel oder Gemüse.

1 Den Reis mehrmals in kaltem Wasser waschen und für 20 Minuten einweichen. Abgießen und zum Abtropfen beiseitestellen.

2 Das Öl in einer schweren Pfanne bei geringer Hitze erwärmen. Zimtstangen, Kardamomkapseln, Knoblauch und Lorbeer darin unter Rühren 25–30 Sekunden anbraten, dann die Zwiebelstreifen zugeben. Die Hitze erhöhen und die Zwiebeln 7–8 Minuten unter Rühren anschwitzen.

3 Das Ingwerpüree und die Chilis unterrühren und weiterbraten, bis die Zwiebeln goldbraun sind.

4 Kurkuma, Salz, gehackten Koriander, Garnelen und Reis zugeben und alles vorsichtig vermischen. Nach 2–3 Minuten mit 475 Millilitern heißem Wasser auffüllen, einmal aufkochen und ohne Deckel nochmals 2–3 Minuten köcheln lassen. Die Hitze verringern, den Deckel auflegen und 8–9 Minuten weitergaren.

5 Vom Herd nehmen und 5–6 Minuten stehen lassen, sodass alle Aromen gut aufgenommen werden können. Mit einer Gabel auflockern und servieren.

Ergibt 4 Portionen

675 g Hähnchenschlegel mit Knochen

½ TL gemahlene Kurkuma

1 EL Mehl

1 TL Salz

1 große Zwiebel, grob gehackt

2,5 cm frischer Ingwer, grob gehackt

4–5 Knoblauchzehen, grob gehackt

4 EL Sonnenblumenöl

1½ EL Currypulver

½ TL Chilipulver, falls gewünscht

175 g Tomaten, klein gehackt

NÄHRWERT JE PORTION: 392 kcal – 1632 kJ – 24,3 g Protein – 12,5 g Kohlenhydrate, davon 7,3 g Zucker – 27,6 g Fett, davon 5,8 g gesättigte Fettsäuren – 135 mg Cholesterin – 67 mg Kalzium – 2,6 g Ballaststoffe – 1 08 mg Natrium

Murgir Jhol

Angloindisches Hühnchencurry

Dieses Rezept verlangt nach einer ordentlichen Menge Currypulver für den authentischen Geschmack. Es empfiehlt sich, Reis als Beilage dazu zu reichen, denn er mildert die Schärfe etwas.

1 Die Hähnchenschlegel häuten und den Unter- vom Oberschenkel an den Gelenken teilen. Kurkuma, Mehl und Salz vermischen und in die Fleischstücke reiben. Beiseitestellen.

2 Die Zwiebel, den Ingwer und den Knoblauch pürieren oder in einem Mörser fein zerreiben.

3 Das Öl in einer hohen Pfanne erhitzen und das Püree darin unter Rühren 8–10 Minuten anbraten.

4 Das Curry- und Chilipulver zugeben und für 2–3 Minuten mitbraten. Etwa 2 Esslöffel Wasser einrühren und die Mischung noch einmal 2–3 Minuten köcheln lassen.

5 Die Hähnchenteile zugeben, die Hitze erhöhen und braten, bis sie zu bräunen beginnen. Mit 425 Millilitern Wasser aufgießen, einmal aufkochen, den Deckel auflegen und die Hitze reduzieren. Nach 35–40 Minuten die Tomaten unterheben, noch einmal 2–3 Minuten köcheln lassen, dann den gehackten Koriander unterheben und mit Basmatireis servieren.

Murgir Pulao
Hühnchen-Pilaw

Dieses Gericht fand über die Mughal Einzug in die bengalische Küche. Die Zutatenliste ist zwar lang, aber das Resultat entschädigt für die Mühen. Es schmeckt am besten, wenn es sehr heiß serviert wird.

Ergibt 4 Portionen

275 g Basmatireis

2 TL Koriandersamen

1 TL Kreuzkümmelsamen

1–3 getrocknete rote Chilischoten, gehackt

10 schwarze Pfefferkörner

2 EL weiße Mohnsamen

1 EL Sesamsamen

3 EL Sonnenblumenöl

1 mittlere Zwiebel, in feine Streifen geschnitten

2 TL Ingwerpüree

2 TL Knoblauchpüree

½ TL gemahlene Kurkuma

450 g Hühnerbrustfilets, in Stücke geschnitten

75 g abgetropfter Joghurt, verrührt

1 TL Salz

1 EL Ghee oder Butter

1 Zimtstange

6 grüne Kardamomkapseln, angedrückt

6 Knoblauchzehen

2 Sternanis

½ TL Salz

1 EL Mandelblättchen, geröstet, zum Garnieren

NÄHRWERT JE PORTION: 487 kcal – 2035 kJ – 25,2 g Protein – 65,5 g Kohlenhydrate, davon 11,3 g Zucker – 13,7 g Fett, davon 1,8 g gesättigte Fettsäuren – 89 mg Cholesterin – 55 mg Kalzium – 2 g Ballaststoffe – 829 mg Natrium

1 Den Reis mehrmals in kaltem Wasser waschen und für 20 Minuten einweichen lassen. Abgießen und zum Abtropfen beiseitestellen.

2 Eine kleine, schwere Pfanne bei mittlerer Hitze erhitzen und den Koriander und den Kreuzkümmel hineingeben. Die Hitze reduzieren und die Samen etwa 25–30 Sekunden rösten. Die Chilis, Pfefferkörner, Mohn- und Sesamsamen zugeben und weitere 25–30 Sekunden rösten. Sofort aus der Pfanne in einen Mörser geben, ganz abkühlen lassen und dann fein zerstoßen.

3 Das Öl in einer anderen Pfanne erhitzen und die Zwiebeln darin etwa 5 Minuten weich dünsten. Ingwer- und Knoblauchpüree unterrühren und 3–4 Minuten mitbraten, dann die Kurkuma und das Fleisch zugeben, die Hitze erhöhen und das Fleisch leicht bräunen. Die Hälfte des Joghurts hineingeben, 2–3 Minuten einrühren, dann den Rest zugeben und noch einmal 2–3 Minuten köcheln lassen.

4 Die Gewürze aus dem Mörser und das Salz dazugeben und die Hitze leicht reduzieren. Nach 2–3 Minuten mit 75 Millilitern warmem Wasser aufgießen, die Hitze nochmals reduzieren und 5 Minuten unter ständigem Rühren köcheln lassen. Die Flüssigkeit sollte fast ganz aufgenommen worden sein, dann die Pfanne vom Herd nehmen und beiseitestellen.

5 In einer dritten Pfanne das Ghee zerlassen und die Zimtstange, die Kardamomkapseln, den Knoblauch und die Sternanis zugeben. Unter Rühren braten, bis die Kardamomkapseln aufzuplatzen beginnen. Reis und Salz hinzufügen und gut mit den Gewürzen vermischen. Mit 475 Millilitern warmem Wasser aufgießen, einmal aufkochen und 1 Minute ruhig köcheln lassen. Die Hitze stark reduzieren, den Deckel auflegen und 7–8 Minuten garen.

6 Den Herd abschalten, den Deckel entfernen und das Hühnchen auf den Reis geben. Nochmals mit dem Deckel verschließen und ohne Störung 20 Minuten ziehen lassen. Reis und Fleisch mit einer Gabel vermischen und mit den gerösteten Mandeln garniert sofort servieren.

Rezala

Marinierte Lammkoteletts

Hammel anstelle von Lamm wäre eigentlich die traditionellere Wahl für dieses muslimisch inspirierte Gericht, das aus den Küchen der Mughal-Herrscher nahe Kolkata (ehemels Kalkutta) stammt. Es schmeckt herrlich mit frischem Naan oder Reis.

1 Die Lammkoteletts in eine große Schüssel geben und mit Rotweinessig und Salz einreiben. Den Safran in die heiße Milch geben und beiseitestellen.

2 Die gehackten Zwiebeln, den Ingwer und den Knoblauch fein pürieren. In eine Schüssel füllen, etwas Wasser zugeben, wenn nötig, dann die Nelken, die Pfefferkörner, den Kardamom und die Zimtstangen hinzufügen und alles gut miteinander vermischen. Zum Fleisch geben und sorgfältig verteilen. Mit Frischhaltefolie abdecken und mindestens 3–4 Stunden, besser über Nacht, im Kühlschrank marinieren. Vor dem Weiterverarbeiten Raumtemperatur annehmen lassen.

3 Das Öl bei mittlerer Hitze in einem Topf erhitzen und die Zwiebelstreifen darin bräunen. Mit einem Schöpflöffel herausnehmen, dabei so viel Öl wie möglich aus den Zwiebeln drücken.

4 In dem übrigen Öl die marinierten Lammkoteletts 4–5 Minuten anbraten, dabei ständig bewegen. Die Hitze reduzieren und weitere 5–7 Minuten braten.

5 Währenddessen den Joghurt mit dem Kichererbsenmehl und der Butter in einer kleinen Pfanne erwärmen. Unter Rühren 3–4 Minuten köcheln lassen und die Mischung dann über die Koteletts gießen. Den gemahlenen Fenchel und Ingwer unterrühren und die Pfanne mit dem Deckel bedecken. Etwa 45–50 Minuten garen lassen, bis die Koteletts zart sind.

6 Die Chilischoten mit der Muskatnuss und dem Zucker zum Fleisch geben, 1–2 Minuten kochen, dann die Safranmilch und das Rosenwasser hinzufügen. Noch einmal gut umrühren, vom Herd nehmen und sofort mit Naan oder Basmatireis servieren.

Ergibt 4 Portionen

700 g Lammkoteletts
1 EL Rotweinessig
1 TL Salz
1 Prise Safranfäden, zerstampft
1 EL heiße Milch
1 große Zwiebel, grob gehackt
5 cm Ingwer, grob gehackt
4–5 Knoblauchzehen, grob gehackt
4 Nelken
½ TL schwarze Pfefferkörner
4 grüne Kardamomkapseln
2 Zimtstangen, halbiert
4 EL Sonnenblumenöl
1 große Zwiebel, in feine Streifen geschnitten
175 g Naturjoghurt, verrührt
2 TL Kichererbsenmehl
50 g weiche Butter
½ TL gemahlener Fenchel
½ TL gemahlener Ingwer
3–4 frische rote Chilischoten
½ TL frisch gemahlene Muskatnuss
½ TL Zucker
1 EL Rosenwasser

NÄHRWERT JE PORTION: 610 kcal – 2529 kJ – 31,2 g Protein – 7,4 g Kohlenhydrate, davon 5 g Zucker – 51,1 g Fett, davon 21,7 g gesättigte Fettsäuren – 141 mg Cholesterin – 124 mg Kalzium – 0,4 g Ballaststoffe – 219 mg Natrium

Kaach Koler Kari

Kochbananen-Curry

Kochbananen sind im Osten Indiens sehr beliebt und werden vornehmlich zu Currys oder würzigen Beilagen verarbeitet. Das erdige, kürbisartige Aroma der Kochbananen verleiht diesem Gericht etwas Besonderes. Kochbananen werden oft als „rohe" oder „grüne" Bananen verkauft.

Ergibt 4 Portionen

5 Kochbananen

2 mittlere Kartoffeln (etwa 225 g)

3 EL Senföl

¼ TL schwarze Senfsamen

¼ TL Kreuzkümmelsamen

¼ TL Schwarzkümmelsamen

¼ TL Fenchelsamen

6–8 Bockshornkleesamen

1 grüne Chilischote, gehackt und, falls gewünscht, entkernt

2,5 cm frischer Ingwer, zerstampft oder fein gewürfelt

½ TL gemahlener Kreuzkümmel

½ TL gemahlene Kurkuma

¼–½ TL Chilipulver

80 g frische Rispentomaten, gehäutet und entkernt

¾ TL Salz

½ TL Garam Masala

Korianderzweige zum Garnieren

1 Die Kochbananen mit einem kleinen Messer schälen. Der Länge nach vierteln und dann in etwa 1 Zentimeter große Stücke schneiden. In kaltem Wasser einweichen, während die anderen Zutaten zubereitet werden.

2 Die Kartoffeln in ebenso große Stücke schneiden wie die Kochbananen.

3 Die Kochbananen abgießen und trocken tupfen. In einer kleinen Pfanne 2 Esslöffel des Senföls bis zum Rauchpunkt erhitzen. Die Kochbananen portionsweise darin anbraten. Wenn sie schön braun sind, auf Küchenpapier abtropfen lassen.

4 Die Kartoffelstücke in demselben Öl anbraten und auf Küchenpapier abtropfen lassen.

5 Das übrige Senföl in die Pfanne geben und erneut bis zum Rauchpunkt erhitzen. Die Pfanne dann vom Herd nehmen und die Senf-, Kreuz- und Schwarzkümmel-, Fenchel- und Bockshornkleesamen einrühren.

6 Chilis und Ingwer zugeben, die Pfanne zurück auf den Herd stellen und unter Rühren 25–30 Sekunden braten. Gemahlenen Kreuzkümmel, Kurkuma und Chilipulver einrühren.

7 Gut umrühren und die Tomaten zugeben. Nach 2–3 Minuten die frittierten Kartoffeln und das Salz unterheben. Mit 400 Millilitern warmem Wasser aufgießen und aufkochen. Die Hitze reduzieren, den Deckel auflegen und 8–10 Minuten köcheln lassen, bis die Kartoffeln weich sind.

8 Die gebratenen Bananen und das Garam Masala hinzufügen und nochmals 2–3 Minuten köcheln lassen. Vom Herd nehmen, mit frischem Koriander garnieren und mit Naan oder Basmatireis servieren.

NÄHRWERT JE PORTION: 340 kcal – 1437 kJ – 3,9 g Protein – 63,3 g Kohlenhydrate, davon 11,3 g Zucker – 9,8 g Fett, davon 1,2 g gesättigte Fettsäuren – 0 mg Cholesterin – 32 mg Kalzium – 3 g Ballaststoffe – 17 mg Natrium

Ergibt 4–5 Portionen

4 EL Senföl

¼ TL schwarze Senfsamen

¼ TL Kreuzkümmelsamen

¼ TL Fenchelsamen

¼ TL Schwarzkümmelsamen

5–6 Bockshornkleesamen

2 Lorbeerblätter

1 mittlere Zwiebel, fein gehackt

1 TL Ingwerpüree

2 grüne Chilischoten, gehackt und,
falls gewünscht, entkernt

½ TL gemahlene Kurkuma

½ TL Chilipulver

½ TL gemahlener Kreuzkümmel

230 g Kartoffeln, in 2,5 cm große Würfel
geschnitten

1 kleiner oder ½ großer Butternusskürbis,
in 2,5 cm große Würfel geschnitten

1 große Aubergine, längs halbiert und in
1 cm große Stücke geschnitten

1 TL Salz

75 g grüne Bohnen, in 2,5 cm lange Stücke
geschnitten

75 g stückige Tomaten aus der Dose

NÄHRWERT JE PORTION: 190 kcal – 796 kJ – 7,2 g
Protein – 21,3 g Kohlenhydrate, davon 5,5 g Zucker –
9,3 g Fett, davon 1,4 g gesättigte Fettsäuren – 0 mg
Cholesterin – 161 mg Kalzium – 3,4 g Ballaststoffe –
45 mg Natrium

Labra

Gemüse in Ingwer-Kreuzkümmel-Sauce

Ursprünglich entstand dieses Gericht, um Gemüsereste zu verwerten. Es war jedoch so lecker, dass das Gemüse nun extra gekauft wird, nur um Labra zu kochen. Das Senföl kann auch durch Sonnenblumenöl ersetzt werden.

1 Das Öl bei mittlerer Hitze in einer großen Pfanne erhitzen. Vom Herd nehmen, die ganzen Samen sowie die Lorbeerblätter zugeben, zurück auf den Herd stellen, dann Zwiebeln, Ingwer und Chilis unterheben. Unter ständigem Rühren bräunen.

2 Kurkuma, Chili- und Kreuzkümmelpulver einrühren. Nach 30 Sekunden die Kartoffeln, den Kürbis, die Auberginen und das Salz hinzufügen und mit 450 Millilitern warmem Wasser aufgießen. Einmal aufkochen, dann die Hitze reduzieren, den Deckel auflegen und 20 Minuten köcheln lassen.

3 Währenddessen die Bohnen in Salzwasser blanchieren und in Eiswasser abschrecken. Mit den Tomaten zu dem übrigen Gemüse geben. Ohne Deckel 5–6 Minuten bei mittlerer Hitze köcheln lassen, bis die Sauce einzudicken beginnt und am Gemüse haftet. Dieses Gericht ist eine tolle Beilage zum angloindischen Hühnchencurry von Seite 75.

Ergibt 4 Portionen

230 g gelbe Linsen

3–4 EL Sonnenblumenöl

1 große Zwiebel, in feine Streifen
geschnitten

1 Zimtstange

4 grüne Kardamomkapseln, angedrückt

1 Lorbeerblatt

½ TL Kreuzkümmelsamen

1 TL gemahlene Kurkuma

½–1 TL Chilipulver

1 TL Salz

1 grüne Chilischote, entkernt und in feine
Streifen geschnitten, zum Servieren

NÄHRWERT JE PORTION: 339 kcal – 1427 kJ – 23,7 g
Protein – 38,6 g Kohlenhydrate, davon 4,9 g Zucker – 11 g
Fett, davon 7 g gesättigte Fettsäuren – 35 mg Cholesterin
– 221 mg Kalzium – 3,7 g Ballaststoffe – 788 mg Natrium

Bhaja Muger Dal
Würzige Linsenpfanne

Die gelben Linsen werden bei dieser Zubereitungsart mit Zwiebeln,
Chilis und Zimt angebraten, bevor die Kochflüssigkeit zugegeben
wird. Die goldgelbe Kurkuma verleiht nicht nur eine tolle Farbe,
sondern auch eine feine Geschmacksnuance.

1 Linsen können kleine Steinchen und andere Verunreinigungen enthalten. Deswegen
sollte man sie besonders gründlich waschen, am besten in einem großen Sieb, und dann
abtropfen lassen.

2 Das Öl in einer beschichteten Pfanne erhitzen und die Zwiebeln darin unter ständigem
Rühren 8–10 Minuten anbraten, sodass sie gut gebräunt sind. Die Hitze bei den letzten
3–4 Minuten reduzieren. Die Pfanne vom Herd nehmen und die Zwiebeln mit einem
Schöpflöffel herausheben. Dabei so viel Öl wie möglich herauspressen. Auf Küchenpapier
abtropfen lassen.

3 Zimt, Kardamom, Lorbeerblatt und Kreuzkümmelsamen im restlichen Öl bei geringer Hitze
30–40 Sekunden anbraten. Die Linsen zugeben und auf mittlere Hitze erhöhen. Unter Rühren
4–5 Minuten braten, dann die Kurkuma und das Chilipulver zugeben und weitere 2–3 Minuten
braten. Mit 120 Millilitern lauwarmem Wasser aufgießen, die Hitze etwas erhöhen und das
Wasser unter Rühren vollständig aufnehmen lassen. Nochmals 120 Milliliter lauwarmes Wasser
zugeben, aufnehmen lassen, und noch einmal 120 Milliliter Wasser zugeben und aufnehmen
lassen. Zuletzt nochmals 300 Milliliter Wasser hinzufügen und die Hitze reduzieren.

4 Eine kleine Menge der gebratenen Zwiebeln zum Garnieren beiseitelegen, den Rest in die
Linsen einrühren. Den Deckel aufsetzen, 12–15 Minuten köcheln lassen, sodass die Linsen zwar
weich sind, aber noch Biss haben. Mit den Zwiebeln und grünen Chilistreifen garniert servieren.

Dhakai Paratha

Blättriges Brot aus der Grillpfanne

Diese Spezialität aus Dhaka, der Hauptstadt von Bangladesch, macht süchtig! Der Teig wird ausgerollt, mit Ghee (geklärter Butter) bestrichen, gefaltet, wieder gerollt, wieder bestrichen und wieder gerollt, bis es viele dünne Schichten, ähnlich unserem Blätterteig, hat. Statt geklärter Butter kann man auch Sonnenblumenöl benutzen.

Ergibt 8 Brote

450 g Weizenmehl zzgl. etwas zum Bestäuben

½ TL Salz

115 g Ghee

1 Das Mehl in eine große Rührschüssel sieben und mit den Fingern das Salz und 1 Esslöffel Ghee einarbeiten. Nach und nach 200 Milliliter warmes Wasser einrühren. Auf einer bemehlten Arbeitsfläche 4–5 Minuten zu einem geschmeidigen Teig verarbeiten. Mit einem feuchten Tuch bedecken und 30 Minuten zum Gehen beiseitestellen.

2 Den Teig in acht gleich große Stücke teilen und jeweils zu kleinen, runden, flachen Bällchen formen. Jeden Teigball zu Kreisen von etwa 13 Zentimetern Durchmesser ausrollen und mit ½ Teelöffel Ghee bestreichen.

3 Etwas Mehl auf das Ghee streuen und dann einen Schnitt von der Mitte des Kreises nach außen machen. Den Teigkreis nun von der einen Seite des Schnitts zur anderen rollen, sodass ein Kegel entsteht. Flach drücken, ausrollen, mit Ghee bestreichen und mit Mehl bestäuben und erneut zum Kegel rollen. Nochmals wiederholen und den Kegel dann zu einem Teigkreis, genannt Paratha, von etwa 13 Zentimetern Durchmesser ausrollen.

4 Eine Grillpfanne erhitzen und einen Teigkreis hineingeben. Etwa 2 Minuten backen, dann wenden, mit 1 Teelöffel Ghee bestreichen und wieder sofort wenden. Nochmals 2 Minuten backen, bis das Brot schön gebräunt ist.

5 Nocheinmal 1 Teelöffel Ghee auf die ungebackene Seite streichen und diese Seite wie zuvor die andere backen. Auf einem Rost abkühlen lassen und mit den übrigen Parathas genauso verfahren. Dieses Brot passt ausgezeichnet zu Fleisch- und Geflügelgerichten.

NÄHRWERT JE PORTION: 293 kcal – 1232 kJ – 5,4 g Protein – 43,7 g Kohlenhydrate, davon 0,9 g Zucker – 12 g Fett, davon 7,5 g gesättigte Fettsäuren – 32 mg Cholesterin – 81 mg Kalzium – 1,7 g Ballaststoffe – 228 mg Natrium

Ergibt 16 Stück

275 g Weizenmehl zzgl. etwas zum Bestäuben

½ TL Schwarzkümmelsamen

½ TL Salz

¼ TL Zucker

1 EL Ghee oder Margarine

Sonnenblumenöl zum Frittieren

Luchi
Frittiertes Brot

Die luftigen Luchis werden immer an Hochzeiten und anderen besonderen Anlässen zu Fleischcurrys und Gemüsegerichten gereicht. Man sollte pro Person mit drei bis vier Luchis rechnen, aber es empfiehlt sich mehr zu machen – sie werden bestimmt gegessen!

1 Das Mehl in eine große Rührschüssel sieben und mit Schwarzkümmel, Salz und Zucker vermischen. Etwa 180 Milliliter lauwarmes Wasser nach und nach unterrühren, bis ein fester Teig entsteht. Auf einer bemehlten Oberfläche 3–4 Minuten kneten, dann mit einem feuchten Tuch abdecken und 20 Minuten ruhen lassen.

2 Den Teig in zwei gleich große Hälften teilen und aus jeder Hälfte vier Teigbällchen formen. Flach drücken und erneut mit einem feuchten Tuch bedecken.

3 Das Öl in einem Wok erhitzen, währenddessen die Teigbällchen mit etwas Mehl bestäuben und zu etwa 7,5 Zentimeter großen Kreisen ausrollen. Die Teigkreise dürfen dabei nicht verletzt werden, sonst backen sie nicht so luftig auf. Auf ein Backblech geben und mit Backpapier abdecken.

4 Einen Luchi vorsichtig hineingleiten lassen, sobald das Öl raucht. Wenn er zu schwimmen beginnt, sanft an den Rand klopfen, sodass er sich wie ein Ballon aufbläht. Wenn er aufgebläht ist, auf die andere Seite drehen und goldbraun ausbacken. Auf Küchenpapier abtropfen lassen. Die gebackenen Luchis in nur einer Schicht auf einem Tablett auslegen. Am besten isst man sie ganz frisch, obwohl man sie auch 2–3 Minuten im Ofen erwärmen kann.

NÄHRWERT JE PORTION: 121 kcal – 506 kJ – 1,6 g Protein – 13,4 g Kohlenhydrate, davon 0,3 g Zucker – 7,2 g Fett, davon 1,3 g gesättigte Fettsäuren – 2 mg Cholesterin – 24 mg Kalzium – 0,5 g Ballaststoffe – 8 mg Natrium

Ergibt 16 Portionen

150 g Naturjoghurt

400 ml Kondensmilch

400 ml gesüßte Kondensmilch

½ TL gemahlener Kardamom

zerlassene Butter zum Ausstreichen

NÄHRWERT JE PORTION: 470 kcal – 1980 kJ – 18,5 g Protein – 68,7 g Kohlenhydrate, davon 68,7 g Zucker – 15,3 g Fett, davon 9,45 g gesättigte Fettsäuren – 57 mg Cholesterin – 625 mg Kalzium – 0 g Ballaststoffe – 285 mg Natrium

Bhapa Doi

Gedämpfter süßer Joghurt

Der in Bengal äußert beliebte gedämpfte Joghurt ist ein tolles eigenständiges Dessert, aber ebenso auch ein wunderbarer Begleiter zu anderen Köstlichkeiten wie dem seidenen Frischkäsedessert von Seite 88. Dieses Rezept ist eine schnellere und vereinfachte Abwandelung des Originalrezepts.

1 Den Backofen auf 120 °C vorheizen. Den Joghurt in einer großen Schüssel rühren, bis er glatt und cremig ist. Die übrigen Zutaten zugeben und gut miteinander vermischen.

2 Eine Auflaufform oder ein tiefes Backblech (23 Zentimeter groß) mit zerlassener Butter ausstreichen und die Mischung hineingeben. Eine feuerfeste, größere Auflaufform etwa 1 Zentimeter hoch mit Wasser befüllen, die Form mit der Joghurtfüllung vorsichtig hineinsetzen und auf der mittleren Schienen im Ofen 30 Minuten backen.

3 Die Formen aus dem Ofen nehmen und abkühlen lassen. Der Joghurt zieht noch etwas an, wenn er kühler ist, deswegen sollte er vor dem Servieren für 30–40 Minuten in den Kühlschrank. Dazu passen frische Früchte wie Pfirsiche, Mango, Beeren oder Kirschen.

Sandesh

Seidenes Frischkäsedessert

Mit seinem schneeweißen Äußeren, seiner leichten Süße und seinem zurückhaltenden Aroma genießt man Sandesh am besten zu einer Tasse Tee oder Kaffee. Das Grundrezept kann nach Belieben variiert werden, man sollte sich aber die Mühe machen, den Frischkäse selbst zu machen, denn es ist eigentlich ganz einfach und den Aufwand sicher wert.

1 Zuerst wird der Frischkäse hergestellt. Dazu eine beschichtete Pfanne leicht mit Öl ausstreichen und die Milch hineingeben. Bei mittlerer Hitze zum Kochen bringen, dabei immer gut aufpassen, dass die Milch nicht überkocht. Wenn die Milch aufzusteigen beginnt, Zitronensaft hinzufügen und die Hitze reduzieren.

2 Die Milch sprudelnd kochen lassen, bis die Molke sich von der geronnen Milch zu trennen beginnt. Die Milch sieht dann wässrig aus und die Molketeilchen schwimmen an der Oberfläche.

3 Die Milch durch ein Musselintuch abgießen. Die Enden des Tuchs locker miteinander verknoten, dabei den Bruch nicht zerstören, und in ein Sieb über eine Schüssel geben. Etwa 20 Minuten abtropfen lassen, dann auf ein großes Brett oder ein saubere Arbeitsfläche geben.

4 Den Bruch in 8–10 Minuten zu einem weichen, geschmeidigen Teig kneten. Zuerst ist der Teig noch brüchig und hart, aber je länger man ihn mit den Knöcheln der Finger oder dem Handballen bearbeitet, desto geschmeidiger wird er.

5 Den Käse dann in eine beschichtete Pfanne geben, den Zucker unterrühren und alles bei sehr geringer Hitze 6–8 Minuten unter Rühren erwärmen. Sobald die Masse nicht mehr am Boden und der Seite kleben bleibt, den Kardamom einrühren und die Pfanne vom Herd nehmen.

6 Eine große Platte mit zerlassener Butter ausstreichen und die Frischkäsemasse daraufgeben. Zu einem großen Quadrat (ca. 15 Zentimeter Größe und 1,5 Zentimeter Höhe) formen.

7 Die Pistazien daraufstreuen und leicht andrücken. Ganz abkühlen lassen und dann in Portionen von etwa 5 Zentimetern Größe teilen. Sandesh pur oder mit frischen Früchten servieren.

Ergibt 16 Portionen

Öl zum Bestreichen

2,2 l Vollmilch

Saft von 1½ Zitronen

3 EL Zucker

¼ TL gemahlener Kardamom

1 EL Pistazien, gehackt

NÄHRWERT JE PORTION: 107 kcal – 449 kJ – 4,6 g Protein – 9,6 g Kohlenhydrate, davon 9,6 g Zucker – 5,9 g Fett, davon 3,4 g gesättigte Fettsäuren – 19 mg Cholesterin – 161 mg Kalzium – 0,1 g Ballaststoffe – 81 mg Natrium

Südindien

Shikampuri Kabab
Gefüllte Fleischbällchen

Rasam
Linsensuppe mit Tamarinde

Meen Molee
Fisch in Kokosmilch mit Tamarinde

Cassoulet de Fruits de Mer
Meeresfrüchte in würziger Kokosbrühe

Ishtoo
Hähncheneintopf aus Kerala

Hyderabadi Murgh Korma
Hühnchen in Nusssauce

Tahari
Pilaw mit Lammhackfleisch

Attu Erachi Kari
Fleischcurry aus Madras

Idlis
Gedämpfte Grießküchlein

Sambhar
Linsen-Tomaten-Auberginen-Curry

Avival
Gemüse in Tamarinden-Kokos-Chili-Sauce

Nimbu Achar
Limettenchutney

Naranga Choru
Zitronenreis

Khubani ka Meetha
Aprikosendessert

Pal Payasam
Mit Safran aromatisierter Reispudding

Südindien

Die vier Staaten Andrah Pradesh, Tamil Nadu, Karnataka und Kerala bilden den Süden Indiens. Schon oft sind fremde Händler und Abenteurer an ihren Stränden gelandet, angelockt von der Hoffnung auf lukrativen Handel mit exotischen und wertvollen Gütern wie Gewürzen und Seide. Händler aus Europa und China ließen sich später in ganz Indien nieder und etablierten weltweite Handelsrouten. In der Vergangenheit konnte man am einfachsten und sichersten per Schiff zwischen Indien und Europa hin- und herreisen, statt den beschwerlichen und gefährlichen Weg über Land zu riskieren. Außerdem schien die einladende südliche Halbinsel Indiens mit ihrer langen Küstenlinie ein guter Startpunkt zu sein.

Südindien bietet eine unvergleichliche Vielfalt an Speisen mit deutlichen regionalen Eigenheiten. So unterscheidet sich die kräftige Fleischbrühe, Rasam genannt, geschmacklich und im Aussehen in Hyderabad im Norden der Region etwas von der Brühe, die man in Kerala an der Südwestküste zubereitet. Statt des Weizenbrotes, das im kühleren, trockeneren Norden vorwiegend gegessen wird, ist Reis das Grundnahrungsmittel im warmen Süden, dessen feuchtes Klima ideale Voraussetzungen für den Reisanbau in großem Stil schafft. Ein weiteres Haupterzeugnis des Südens ist die Kokosnuss. Jeder Teil dieser Allzweckkünstlerin wird verwertet, die Milch und das Fleisch und natürlich die Schale, die ein robustes Baumaterial ist. Der feine und delikate Geschmack der Kokosnuss durchdringt sowohl süße als auch pikante indische Gerichte.

Im großen Karnataka gibt es entlang der Westküste viele blühende Kaffee- und Teeplantagen. Weiter im Landesinneren bedecken dichte Wälder die Hänge der Westghats. Diese Hügel und Berge ziehen sich die ganze Westküste der südlichen Halbinsel entlang. Ebenholzgewächse, Zedern und Sandelhölzer, die sich exzellent für die Parfüm- und Möbelherstellung eignen, wachsen hier. Die schönen Tempelbauten Karnatakas fügen sich mit ihren kunstvollen und organischen Formen perfekt in die aufregende Landschaft ein.

In Andrah Pradesh an der östlichen Küste herrscht ein ganz anderes Klima, und die monsunbedingte Feuchtigkeit macht die Gegend zu einer idealen Region für den Reisanbau. Die Küche Andrah Pradeshs unterscheidet sich erheblich von den kulinarischen Gewohnheiten der übrigen Südstaaten, was an den muslimischen und mogulischen Einflüssen liegt, die aus jenen Tagen des 14. Jahrhunderts rühren, in denen die Invasoren den Kampf um dieses Land begannen. Chilis gehören zu den meistangebauten Produkten der Region, und feurige Mischungen wie das Zitronen-Pickle sind beliebte Beilagen.

Kerala ist der kleinste Staat Südindiens und nimmt nur 1,8 Prozent der gesamten Landmasse ein. Dieser Landstreifen am Arabischen Meer führt zum südlichsten Zipfel Indiens, seine Küstenlinie ist 590 Kilometer lang. Aus Fisch und Meeresfrüchten, die in Kokosmilch gekocht und mit Reis serviert werden, setzen sich hier die meisten Gerichte zusammen.

Die Geschichte des malerischen Tamil Nadu an der südöstlichen Küste ist die Besiedlungsgeschichte der Draviden, die vermutlich die Nachfolger der Induskultur sind. Es gibt Hinweise, dass bereits seit 6000 Jahren Menschen in diesem warmen, feuchten Land leben, und die Dravidensprache Tamil ist mindestens 2000 Jahre alt. In späteren Jahrhunderten wurde Tamil Nadu Teil der europäischen Handelsrouten und ein Fixpunkt für die britische Ostindien-Kompanie. Viele Menschen in diesem Staat sind Vegetarier, zum Teil aus dem rein praktischen Grund, dass Fleisch in der schwülen Hitze schneller verdirbt als vegetarisches Essen, aber auch religiöse Motive spielen eine Rolle.

Shikampuri Kabab

Gefüllte Fleischbällchen

Diese zarten Bällchen zergehen auf der Zunge. Das Rezept stammt aus Shikampur nahe Hyderabad. Das Fleisch wird mit Mandeln und Kokosnuss gewürzt und die gelben Linsen geben die nötige Bindung.

1 Das Hackfleisch mit den Linsen in einen Topf geben und mit 300 Millilitern Wasser aufgießen. Aufkochen, die Hitze reduzieren und ohne Deckel 10–12 Minuten kochen lassen.

2 Die Mandeln und Koskosraspel zugeben, die Hitze noch einmal reduzieren und weitere 10 Minuten köcheln lassen. Die Linsen sollten dann weich, aber nicht matschig sein. Die Hitze erhöhen und die Flüssigkeit in 5–6 Minuten komplett aufnehmen lassen. Dann den Topf vom Herd nehmen und zum Abkühlen beiseitestellen.

3 Das Öl bei mittlerer Hitze in einer kleinen Pfanne erhitzen. Zwiebeln, Ingwer, Knoblauch und rote Chilis darin 6–7 Minuten goldbraun anrösten. Den Zimt, die Kardamomsamen, die Nelken, den Pfeffer und den Kreuzkümmel in einer Mühle oder dem Mörser fein zermahlen.

4 Die gebratene Zwiebelmischung aus der Pfanne mit den gemahlenen Gewürzen in einen Mixer geben. Die Fleischmischung, das Salz, den Zitronensaft, den Koriander und ein Ei zugeben und zu einer feinen Masse verarbeiten.

5 Aus der Fleischmischung 16 gleich große Bällchen formen. Eine Schüssel mit kaltem Wasser bereitstellen und die Bällchen zu kleinen „Schalen" formen, dabei die Hände immer wieder befeuchten.

6 Alle Zutaten für die Füllung miteinander vermischen und in die „Fleischschalen" verteilen. Die Bällchen gut verschließen, sodass keine Füllung mehr zu sehen ist, und vorsichtig platt drücken. Sie sollten nun etwa 2,5 Zentimeter hoch sein.

7 Das Maismehl mit etwas Wasser verrühren und mit dem zweiten Ei verquirlen. In eine große Pfanne das Öl etwa 1 Zentimeter hoch eingießen und bei mittlerer Hitze erhitzen. Jeden Fleischfladen in die Maismehl-Ei-Mischung tauchen und in dem Öl auf jeder Seite etwa 2–3 Minuten goldbraun ausbacken. Auf Küchenpapier abtropfen lassen.

8 Mit Zwiebelringen, Minzblättern, Gurken- und Tomatenscheiben garnieren und sofort mit Naan oder Basmatireis servieren.

Ergibt 4 Portionen

500 g mageres Lamm- oder Rinderhack
120 g gelbe Linsen
25 g blanchierte Mandeln
25 g Kokosraspel
2 EL Sonnenblumen- oder Olivenöl
1 mittlere Zwiebel, grob gehackt
5 cm frischer Ingwer, gehackt
6 große Knoblauchzehen, grob gehackt
2 getrocknete rote Chilischoten, gehackt
½ Zimtstange, zerkleinert
Samen von 6 grünen Kardamomkapseln
4 Nelken
8–10 schwarze Pfefferkörner
1 TL Kreuzkümmelsamen
1 TL Salz
1½ EL Zitronensaft
15 g frischer Koriander
2 große Eier
1½ EL Maismehl (Maisstärke)
Öl zum Ausbacken
Minzblätter, Zwiebelringe, Tomaten- und Gurkenscheiben zum Garnieren

Für die Füllung:
je 1 kleine Zwiebel und Tomate, gehackt
1 grüne Chilischote, gehackt
2 EL frisch gehackter Koriander

NÄHRWERT JE PORTION: 488 kcal – 2033 kJ – 27,9 g Protein – 25,7 g Kohlenhydrate, davon 3,7 g Zucker – 31,2 g Fett, davon 7,4 g gesättigte Fettsäuren – 238,5 mg Cholesterin – 86,8 mg Kalzium – 3,1 g Ballaststoffe – 140 mg Natrium

Rasam

Linsensuppe mit Tamarinde

Die gelben Linsen, auch Straucherbsen genannt, heißen in Indien Toor Dal. Sie sind eine der meistgenutzten Zutaten in Südindien. Die würzige Suppe, Rasam, stammt aus den heißen Regionen um Tamil Nadu und wird in kleinen Schalen zum Essen dazugereicht. Die Schärfe soll den Körper im Sommer abkühlen und im Winter wärmen.

1 Die Linsen gründlich waschen und in einen Topf geben. Mit 1,5 Litern heißem Wasser aufgießen und das Salz, die Chilis und die Curryblätter hinzufügen. Bei mittlerer Hitze aufkochen, dann die Hitze reduzieren und 35–40 Minuten köcheln lassen.

2 In der Zwischenzeit die Kreuzkümmelsamen und die Pfefferkörner in einen Plastikbeutel füllen und mit dem Ende eines Nudelholzes klein klopfen.

3 Die Suppe dann durch ein Sieb in einen anderen Topf gießen und die Linsen mithilfe eines Löffels durchdrücken. Gut verrühren.

4 Das Öl in einer kleinen Pfanne bis zum Rauchpunkt erhitzen. Vom Herd nehmen, die Senfsamen, den Asant und das Chilipulver unterrühren.

5 Die zerdrückten Gewürze aus dem Plastikbeutel sowie die Tomate zugeben und 1 Minute braten. Das gewürzte Öl dann in die Suppe geben, den gehackten Koriander und die Tamarinde unterrühren und den Topf vom Herd nehmen. Noch einmal gut umrühren und sofort servieren.

Ergibt 4 Portionen

75 g gelbe Linsen

1 TL Salz

2–3 frische grüne Chilischoten

6–8 Curryblätter

1½ TL Kreuzkümmelsamen

½ TL schwarze Pfefferkörner

2 EL Sonnenblumenöl

½ TL schwarze Senfsamen

½ TL Asant

¼–½ TL Chilipulver

1 kleine Tomate, fein gehackt

1 EL frisch gehackter Koriander

1½ EL Tamarinde (alternativ 2 EL Zitronensaft)

NÄHRWERT JE PORTION: 134 kcal – 560 kJ – 5,7 g Protein – 13,7 g Kohlenhydrate, davon 1 g Zucker – 6,8 g Fett, davon 0,8 g gesättigte Fettsäuren – 0 mg Cholesterin – 24 mg Kalzium – 1,1 g Ballaststoffe – 11 mg Natrium

Ergibt 4 Portionen

700 g weißfleischiges Fischfilet

2 EL Zitronensaft

1 TL Salz

3 EL Sonnenblumenöl

1 große Zwiebel, fein gehackt

2 TL Ingwerpüree

1 TL Knoblauchpüree

2 grüne Chilischoten, fein gehackt und entkernt, falls gewünscht

½ TL Chilipulver

½ TL gemahlene Kurkuma

400 ml Kokosmilch

50 g ungesüßte Kokospaste, in kleine Stücke geschnitten

geröstete Kokosraspel zum Garnieren

NÄHRWERT JE PORTION: 366 kcal – 1528 kJ – 33,6 g Protein – 13,7 g Kohlenhydrate, davon 11,4 g Zucker – 20 g Fett, davon 9,1 g gesättigte Fettsäuren – 0 mg Cholesterin – 269 mg Kalzium – 1,4 g Ballaststoffe – 208 mg Natrium

Meen Molee

Fisch in Kokosmilch mit Tamarinde

Beides, Fisch und Kokosnuss, finden sich überall in und um die südindische Küstenregionen. Gerichte wie dieses sind deshalb sehr beliebt. Der Fisch sollte weißes, festes Fleisch haben, kann aber auch durch Riesengarnelen ersetzt werden. Die hier verwendete Kokospaste, in Deutschland auch unter dem Namen „Creamed Coconut" erhältlich, besteht aus Kokosflocken, die in feste Blöcke gepresst und mit dem dabei austretenden Kokosmark dann zu einer pastösen Masse verarbeitet werden.

1 Den Fisch in etwa 5 Zentimeter große Stücke zerteilen und auf einer großen Platte auslegen. Die Hälfte des Zitronensaftes und die Hälfte des Salzes darübergeben und einreiben. Beiseitestellen.

2 Das Öl bei mittlerer Hitze in einer großen Pfanne erhitzen. Die Zwiebeln darin 5–6 Minuten glasig andünsten. Ingwer, Knoblauch und die grünen Chilis zugeben und in 5-6 Minuten goldbraun braten.

3 Das Chilipulver und die Kurkuma unterrühren und nach 30 Sekunden die Kokosmilch und die -paste zugeben. Das übrige Salz und den übrigen Zitronensaft hinzufügen und rühren, bis sich die Kokospaste aufgelöst hat.

4 Den Fisch darin 5–7 Minuten köcheln, bis die Sauce etwas eindickt. Mit Basmatireis servieren.

Ergibt 4 Portionen

500 g weißfleischiges Fischfilet und verschiedene Meeresfrüchte gemischt

2 EL Sonnenblumenöl

10–12 Curryblätter

1 mittlere Zwiebel, fein gehackt

200 ml Kokosmilch

2 TL Zitronensaft

Salz nach Geschmack

Für das Püree:

4 getrocknete rote Chilischoten

2,5 cm Ingwer, gehackt

3–4 Knoblauchzehen, grob gehackt

2 TL Koriandersamen

1 TL Kreuzkümmelsamen

½ TL gemahlene Kurkuma

6 schwarze Pfefferkörner

1 EL Malzessig

frischer Koriander zum Garnieren

NÄHRWERT JE PORTION: 218 kcal – 913 kJ – 25,3 g Protein – 13 g Kohlenhydrate, davon 8,1 g Zucker – 7,7 g Fett, davon 1 g gesättigte Fettsäuren – 58 mg Cholesterin – 64 mg Kalzium – 1,4 g Ballaststoffe – 136 mg Natrium

Cassoulet de Fruits de Mer
Meeresfrüchte in würziger Kokosbrühe

Dieses beliebte und leckere Gericht stammt aus den Zeiten, als die Region um Pondicherry in französischer Hand war. Das hier aufgeführte Rezept geht auf Mehernosh Modi zurück, einen der talentiertesten indischen Köche Englands.

1 Die Meeresfrüchte küchenfertig vorbereiten.

2 Alle Zutaten für die Füllung in einem Mixer oder in einem Mörser zu einer Paste verarbeiten. Das Öl in einem Topf erhitzen und erst die Curryblätter, dann die Zwiebeln hineingeben. Unter Rühren die Zwiebeln glasig dünsten, die Gewürzpaste zugeben und 2 Minuten sautieren.

3 Die Meeresfrüchte vorsichtig unterheben und 2 Minuten sanft köcheln lassen. Die Kokosmilch zugießen, aufkochen, dann den Fisch zugeben und alles bei geringer Hitze 5–7 Minuten garen.

4 Zitronensaft und Salz unterrühren und mit frischem Koriander garniert zu Basmatireis servieren.

Ishtoo

Hähncheneintopf aus Kerala

Das Hähnchen wird in diesem Rezept am Knochen zubereitet und in einer reichhaltigen Brühe aus Kokosmilch gegart. In Kerala wird es mit Appam serviert, einem einfachen Reiskuchen, aber auch Basmatireis ist eine gute Beilage.

1 Die Schlegel an den Gelenken in Ober- und Unterschenkel teilen.

2 Das Öl bei geringer Hitze in einer großen Pfanne erhitzen und den Zimt, die Kardamom-kapseln, die Nelken und die Curryblätter zugeben. Für 25–30 Sekunden sautieren, dann die Zwiebeln zugeben. Die Hitze erhöhen und die Zwiebeln in 5–6 Minuten weich dünsten, dann den Ingwer, den Knoblauch und die Chilis zugeben und weitere 2–3 Minuten anbraten.

3 Die Kurkuma einrühren, dann das Fleisch zugeben. Die Hitze noch einmal erhöhen und unter Wenden goldbraun braten. Die Kokosmilch und das Salz unterrühren und alles gut vermischen. Die Hitze reduzieren, den Deckel aufsetzen und für 15–20 Minuten köcheln lassen.

4 Die Kartoffeln in mundgerechte Stücke schneiden und mit 250 Millilitern warmem Wasser in den Topf geben. Aufkochen, die Hitze auf die geringste Stufe reduzieren und mit geschlossenem Deckel weitere 20 Minuten köcheln. Das Hähnchen sollte dann durchgegart und die Kartoffeln weich sein.

5 Die Erbsen hinzufügen und die Pfanne nach 5 Minuten vom Herd nehmen. Mit Basmatireis servieren.

Ergibt 4 Portionen

700 g Hähnchenschlegel

4 EL Sonnenblumenöl

½ Zimtstange

6 Kardamomkapseln, angedrückt

4 Nelken

12–15 Curryblätter

1 große Zwiebel, fein gehackt

2 TL Ingwerpüree

2 TL Knoblauchpüree

2 grüne Chilischoten, in Ringe geschnitten

½ TL gemahlene Kurkuma

400 g Kokosmilch

1 TL Salz

500 g Kartoffeln

180 g tiefgekühlte Erbsen

NÄHRWERT JE PORTION: 552 kcal – 2309 kJ – 40 g Protein – 43,6 g Kohlenhydrate, davon 16 g Zucker – 25,5 g Fett, davon 6,9 g gesättigte Fettsäuren – 192,5 mg Cholesterin – 104,5 mg Kalzium – 5,4 g Ballaststoffe – 271 mg Natrium

Hyderabadi Murgh Korma

Hühnchen in Nusssauce

Im Gegensatz zu seinem nordindischen Verwandten verlangt dieses Hühnchen-Korma nach einer cremigen Sauce mit Kokosmilch und Chili, die subtile Aromen von Muskat und Muskatblüte (Macis) hat.

Ergibt 4 Portionen

50 g Cashewkerne

200 g abgetropfter Joghurt

2 TL Kichererbsenmehl

2 TL Ingwerpüree

2 TL Knoblauchpüree

½ TL gemahlene Kurkuma

½–1 TL Chilipulver

1 TL Salz

700 g Hühnerbrustfilets, in 5 cm große Würfel geschnitten

75 g Ghee

½ Zimtstange

6 grüne Kardamomkapseln, angedrückt

6 Nelken

2 Lorbeerblätter

1 große Zwiebel, grob gehackt

1 EL Sesamsamen, fein gemahlen

200 ml Kokosmilch

¼ TL frisch gemahlene Muskatnuss

¼ TL gemahlene Muskatblüte

1 Die Cashewkerne in 150 Millilitern kochendem Wasser für 20 Minuten einweichen.

2 Joghurt und Kichererbsenmehl miteinander sorgfältig glatt rühren. Ingwer, Knoblauch, Kurkuma, Chilipulver und Salz zugeben, gut miteinander vermischen und die Fleischstücke damit überziehen. Noch einmal gut umrühren und für 30–35 Minuten beiseitestellen.

3 Etwa 1 Esslöffel Ghee zur späteren Verwendung aufbewahren. Das übrige Ghee in einem Topf bei geringer Hitze zerlassen. Zimt, Kardamom, Nelken und Lorbeerblätter darin braten, bis die Kardamomkapseln aufzubrechen beginnen.

4 Die Zwiebel zugeben und die Hitze leicht erhöhen. Glasig andünsten, dann den gemahlenen Sesam zugeben.

5 Das marinierte Hühnchen unterheben, die Hitze auf die mittlere Stufe erhöhen und unter Rühren braten, bis das Fleisch Farbe annimmt. Die Kokosmilch und 150 Milliliter warmes Wasser zugießen, einmal aufkochen, die Hitze reduzieren und zugedeckt 20 Minuten köcheln lassen, bis das Fleisch durchgegart und zart ist.

6 Währenddessen die Cashewkerne mit ihrem Einweichwasser pürieren und zu dem Hühnchen geben. Ohne Deckel 5–6 Minuten köcheln lassen, bis die Sauce eindickt.

7 Das zurückbehaltene Ghee in einer kleinen Pfanne bei geringer Hitze zerlassen, Muskat und Muskatblüte zugeben und darin 30 Sekunden rösten. Diese Gewürzbutter über das Hühnchen geben und gründlich unterheben. Mit Basmatireis oder indischem Brot servieren. Besonders gut passen auch die Roti von Seite 132 dazu.

NÄHRWERT JE PORTION: 398 kcal – 1671 kJ – 46,4 g Protein – 19,1 g Kohlenhydrate, davon 12,5 g Zucker – 16 g Fett, davon 3,8 g gesättigte Fettsäuren – 76 mg Cholesterin – 195 mg Kalzium – 2,1 g Ballaststoffe – 265 mg Natrium

Tahari

Pilaw mit Lammhackfleisch

Diesen schnellen und einfachen Pilaw sollte man sich auf der Zunge zergehen lassen. Er wird traditionell mit Hammel- oder Lammhackfleisch gemacht, doch man kann genauso gut auch Rind nehmen.

1 In einer beschichteten Pfanne das Hackfleisch bei mittlerer Hitze anbraten, bis die Fleischsäfte austreten und das Fleisch zu bräunen beginnt. Den Joghurt zugeben, die Hitze reduzieren und 2–3 Minuten kochen. Die Pfanne vom Herd nehmen und beiseitestellen.

2 Das Olivenöl erhitzen und die Zwiebeln darin unter Rühren bräunen. Ingwer, Knoblauch und Chilis zugeben und 2 Minuten mitbraten, dann Kreuzkümmel, Koriander und Kurkuma unterrühren. Nach 30 Sekunden das Lammhackfleisch zugeben, alles gut vermischen und 150 Milliliter warmes Wasser angießen.

3 Für 2–3 Minuten köcheln lassen, dann das Salz, das Garam Masala und die Sahne hinzufügen, weitere 2–3 Minuten köcheln lassen, vom Herd nehmen und warm halten.

4 Den Reis in einem Sieb abtropfen lassen und den Safran in der heißen Milch auflösen.

5 Ghee bei geringer Hitze in einem großen Topf zerlassen. Zimt, Kardamom, Nelken, Sternanis und Lorbeerblätter darin anbraten, bis die Kardamomkapseln aufzuplatzen beginnen.

6 Den abgetropften Reis und das Salz zugeben, alles gut miteinander vermischen und mit 550 Millilitern heißem Wasser aufgießen. Für 2 Minuten gleichmäßig kochen, bis das Wasser vom Reis fast vollständig aufgenommen wurde. Den Herd abschalten und die Safranmilch darüberträufeln.

7 Das gewürzte Hackfleisch gleichmäßig auf dem Reis verteilen, dabei darauf achten, dass der Reis komplett bedeckt ist. Den Deckel auflegen und 6–7 Minuten köcheln lassen, dabei die Hitze so gering wie möglich halten. Den Herd ganz abschalten, den Topf vom Herd nehmen und 15 Minuten beiseitestellen.

8 Den Reis mithilfe einer Gabel vorsichtig mit dem Hackfleisch vermischen, in eine Servierschüssel füllen und mit den Eiern garniert servieren.

Ergibt 4 Portionen

Für das Hackfleisch:
500 g mageres Lammhack
50 g Naturjoghurt
3 EL Sonnenblumenöl
1 große Zwiebel, fein gewürfelt
2 TL Ingwerpüree
2 TL Knoblauchpüree
2 grüne Chilischoten, fein gehackt
1 TL Kreuzkümmel
1½ TL gemahlener Koriander
½ TL gemahlene Kurkuma
½ TL Garam Masala
½ TL Salz
75 ml Sahne

Für den Reis:
250 g Basmatireis, gewaschen und 20 Min. eingeweicht
1 Prise Safran, zerstoßen
2 EL heiße Milch
25 g Ghee
½ Zimtstange
5 Kardamomkapseln, angedrückt
4 Nelken
2 Sternanis
2 Lorbeerblätter
1 TL Salz
2 Eier, hart gekocht und geviertelt, zum Garnieren

NÄHRWERT JE PORTION: 609 kcal – 2544 kJ – 24,4 g Protein – 79,6 g Kohlenhydrate, davon 18,2 g Zucker – 21,5 g Fett, davon 5,5 g gesättigte Fettsäuren – 57 mg Cholesterin – 70,2 mg Kalzium – 3,4 g Ballaststoffe – 156 mg Natrium

Ergibt 4 Portionen

700 g entbeinte Lammkeule, das Fett entfernt und in 2,5 cm große Würfel geschnitten

2 EL Rotweinessig

1 TL gemahlene Kurkuma

2 TL Knoblauchpüree

2 TL Ingwerpüree

2 TL Chilipulver

1 EL Tomatenmark

1 TL Salz

1 TL schwarze Pfefferkörner

1 TL Koriandersamen

1 TL Kreuzkümmelsamen

½ TL schwarze Senfsaat

¼ TL Bockshornkleesamen

20 Curryblätter

25 g Kokosraspel

4 EL Sonnenblumenöl

½ Zimtstange

2 schwarze Kardamomkapseln

1 große Zwiebel, fein gehackt

NÄHRWERT JE PORTION: 542 kcal – 2180 kJ – 37,6 g Protein – 13,8 g Kohlenhydrate, davon 7,4 g Zucker – 36 g Fett, davon 13,8 g gesättigte Fettsäuren – 133 mg Cholesterin – 65 mg Kalzium – 2,6 g Ballaststoffe – 160 mg Natrium

Attu Erachi Kari

Fleischcurry aus Madras

Die christlichen und muslimischen Gemeinschaften in Chennai (ehemals Madras) verfügen über ein ausgezeichnete Vielfalt an leckeren Fleisch- und Geflügelgerichten, so wie dieses köstliche Fleischcurry. Ziege oder Hammel werden traditionell verwendet, man kann sie aber auch durch Lamm ersetzen.

1 Das Fleisch in eine nichtmetallene Schüssel geben und den Essig, die Kurkuma, den Knoblauch, den Ingwer, das Chilipulver, das Tomatenmark und das Salz hinzufügen. Gründlich mischen, die Schale abdecken und 4–5 Stunden zum Marinieren beiseitestellen.

2 Das marinierte Fleisch in eine schwere Pfanne geben und mit 150 Millilitern Wasser aufgießen. Aufkochen, den Deckel aufsetzen und leise köcheln lassen, bis das Wasser aufgenommen wurde. Zwischendurch immer wieder umrühren.

3 Eine kleine Pfanne erhitzen, die Hitze stark reduzieren und Pfefferkörner, Koriander, Kreuzkümmel, Senfsamen und Bockshornklee darin unter Rühren anbraten, bis sie ihr Aroma freisetzen. Dann die Kokosraspel zugeben und bräunen. Die Gewürze auf einen kleinen Teller geben, auskühlen lassen und im Mörser zerstoßen.

4 Das Olivenöl bei mittlerer Hitze in einer Pfanne erhitzen und Zimt, Kardamom und Nelken hinzufügen. Für 30 Sekunden anbraten, dann die Zwiebeln zugeben und bräunen. Die gemahlenen Gewürze 1 Minute unterrühren, dann das Fleisch dazugeben. Mit 150 Millilitern Wasser aufgießen, den Deckel aufsetzen und 10 Minuten leise köcheln lassen. Vom Herd nehmen und gegebenenfalls noch einmal etwas Wasser zugeben.

Ergibt 18 Stück

280 g Grießmehl

1 TL Backpulver

½ TL Natron

½ TL getrocknete Chiliflocken

½ TL Salz

400 ml Mineralwasser

275 g Naturjoghurt

Öl zum Einfetten

Idlis

Gedämpfte Grießküchlein

Idlis sind in ganz Südindien äußerst beliebt. Das Originalrezept nutzt eine Mischung aus fermentiertem Reis und Linsen, es ist aber in der Herstellung recht aufwendig. Diese Variante ist schnell und einfach und wird mit Grießmehl gemacht. Idlis passen wunderbar zu Sambhar, dem Curry von Seite 106.

1 Die trockenen Zutaten in einer Rührschüssel gründlich vermischen.

2 Nach und nach das Mineralwasser unterrühren. Den Joghurt glatt rühren und unter die Mischung schlagen. So lange rühren, bis man eine dicke, glatte Masse hat.

3 Den Backofen auf 180 °C vorheizen. Ein Muffinblech fetten. Auf ein hohes Backblech setzen und Wasser etwa drei Viertel hoch einfüllen. Im Backofen etwa 12–15 Minuten backen. Alternativ eine spezielle Idli-Form nutzen und die Idlis im Wasserdampf eines Topfes garen.

NÄHRWERT JE PORTION: 62 kcal – 264 kJ – 2,4 g Protein – 13 g Kohlenhydrate, davon 1,1 g Zucker – 0,4 g Fett, davon 0,1 g gesättigte Fettsäuren – 0 mg Cholesterin – 32 mg Kalzium – 0,3 g Ballaststoffe – 15 mg Natrium

Ergibt 4 Portionen

250 g Taubenerbsen

½ TL Kurkuma

1 große Aubergine

1½ TL Salz

1 EL Koriandersamen

1 TL Kreuzkümmelsamen

1–4 getrocknete rote Chilischoten, aufgebrochen

½ TL schwarze Pfefferkörner

½ TL schwarze Senfsaat

225 g stückige Tomaten aus der Dose

2 EL Tamarindensaft (alternativ Saft von 1 Limette)

2 EL frisch gehackter Koriander

NÄHRWERT JE PORTION: 215 kcal – 914 kJ – 15,5 g Protein – 36,2 g Kohlenhydrate, davon 3,1 g Zucker – 2,1 g Fett, davon 0,3 g gesättigte Fettsäuren – 0 mg Cholesterin – 69,8 mg Kalzium – 4,8 g Ballaststoffe – 28 mg Natrium

Sambhar

Linsen-Tomaten-Auberginen-Curry

Zu diesem wundervollen Curry passen Idlis oder Basmatireis und auch knuspriges Weißbrot. Die verwendeten Gemüsesorten können problemlos variiert werden. Taubenerbsen sind in vielen indischen Lebensmittelläden erhältlich.

1 Die Erbsen in einen Topf geben, die Kurkuma darüberstreuen und 1,2 Liter Wasser zugeben. Einmal aufkochen, die Hitze reduzieren und 3–4 Minuten köcheln lassen, bis der Dampf verschwindet. Auf die niedrigste Hitzestufe reduzieren, den Deckel auflegen und 20 Minuten köcheln lassen.

2 Die Auberginen und das Salz hinzufügen, wieder zudecken und für 8–10 Minuten weiterköcheln lassen. Die Auberginen sollten dann weich sein.

3 Währenddessen eine kleine Pfanne bei mittlerer Hitze heiß werden lassen. Die Hitze reduzieren und die Gewürze darin 30–60 Sekunden anrösten.

4 Aus der Pfanne nehmen und zum Abkühlen beiseitestellen. Dann in einem Mörser sehr fein zermahlen. Die Gewürzmischung mit den Tomaten und dem Tamarindensaft unter die Linsen rühren und 2–3 Minuten köcheln lassen. Den frischen Koriander unterheben und sofort servieren.

Ergibt 4 Portionen

125 g grüne Bohnen, in 2,5 cm große Stücke geschnitten

200 g Karotten, in 1 cm dicke Scheiben geschnitten

250 g Kartoffeln, in 2,5 cm große Würfel geschnitten

1 kleine Aubergine (etwa 200 g), längs geviertelt und in 2,5 cm große Stücke geschnitten

200 g Blumenkohl, in 1 cm große Röschen geteilt

½ TL gemahlene Kurkuma

1 TL Salz

2 ½ TL Kreuzkümmelsamen

50 g Kokosraspel

2–3 grüne Chilischoten, gehackt

200 ml Buttermilch

2 EL Tamarindensaft

2 EL Sonnenblumenöl

½ TL schwarze Senfsaat

2–3 getrocknete rote Chilischoten

6–8 Curryblätter

¼ TL Asant

1 EL frisch gehackter Koriander

Avial

Gemüse in Tamarinden-Kokos-Chili-Sauce

Die vollmundigen Aromen in diesem vegetarischen Hauptgericht machen es in ganz Südindien so begehrt. Jede Kombination an Gemüsesorten schmeckt gut.

1 Grüne Bohnen, Karotten, Kartoffeln und Auberginen in einen großen Topf geben und 350 Milliliter heißes Wasser hinzufügen. Kurkuma und Salz unterrühren und einmal aufkochen. Die Hitze reduzieren, den Deckel aufsetzen und 5–6 Minuten köcheln lassen, dann den Blumenkohl zugeben. Zugedeckt kochen, bis das Gemüse bissfest ist (die Aubergine sollte weich sein).

2 Währenddessen eine kleine Pfanne erhitzen und 2 Teelöffel des Kreuzkümmels darin 30–40 Sekunden trocken anrösten. Vom Herd nehmen und die Kokosraspel und die grünen Chilis in der Resthitze anrösten. Auf einen Teller geben und abkühlen lassen. In einer Kaffeemühle oder dem Möser sehr fein zermahlen.

3 Wenn das Gemüse fertig gegart ist, die gemahlenen Gewürze, die Buttermilch und den Tamarindensaft zugeben. Für 4–5 Minuten sanft köcheln lassen, dann vom Herd nehmen. Das Öl in einer kleinen Pfanne bei mittlerer Hitze heiß werden lassen, aber nicht bis zum Rauchpunkt erhitzen. Die Senfsamen, die übrigen Kreuzkümmelsamen, die roten Chilischoten, die Curryblätter und den Asant hineingeben und braten, bis die Chilis schwarz sind. Alles zu dem Gemüse geben, mit Koriander bestreuen und gut vermischen. Etwa 4–5 Minuten zugedeckt ziehen lassen, dann mit Basmatireis servieren.

NÄHRWERT JE PORTION: 252 kcal – 1050 kJ – 7,55 g Protein – 22,5 g Kohlenhydrate, davon 10,7 g Zucker – 15,5 g Fett, davon 7,7 g gesättigte Fettsäuren – 1,75 mg Cholesterin – 119 mg Kalzium – 6,1 g Ballaststoffe – 57 mg Natrium

Ergibt etwa 900 Gramm

10–12 unbehandelte Limetten

1 TL Salz

120 ml Malzessig

250 ml Pflanzenöl

1 TL Asant

10–12 Knoblauchzehen, zerdrückt

2,5 cm Ingwer, püriert

10–12 Curryblätter

2 EL schwarze Senfsaat, fein gemahlen

1 EL Kreuzkümmelsamen, fein gemahlen

2 TL Fenchelsamen, fein gemahlen

2 TL gemahlene Kurkuma

2 TL Chilipulver

10 grüne Chilischoten, halbiert

4 TL Salz

4 TL Zucker

Tipp

Um die Gläser steril zu machen, mindestens 10 Minuten in heißem Wasser auskochen.

NÄHRWERT JE PORTION: 120 kcal – 492 kJ – 0,1 g Protein – 0,3 g Kohlenhydrate, davon 0,2 g Zucker – 13,1 g Fett, davon 1,6 g gesättigte Fettsäuren – 0 mg Cholesterin – 9 mg Kalzium – 0,1 g Ballaststoffe – 436 mg Natrium

Nimbu Achar

Limettenchutney

In Indien wird Eingelegtes gerne zu Hauptspeisen dazu serviert – im Gegensatz zu den westlichen Ländern, wo es gerne mit Brot zum Beginn einer Mahlzeit gereicht wird. Das Limettenchutney ist eines der bekanntesten ganz Indiens. Man benötigt dafür Limetten mit einem leichten Gelbstich, denn die dunkelgrünen, unreifen Früchte sind zu sauer.

1 Die Limetten gründlich waschen und mit einem Baumwolltuch abreiben. Die Stielansätze wegschneiden und die Limetten vierteln. In ein Sieb geben und mit Salz bestreuen. Das Sieb über eine Schüssel legen und für 2 Stunden beiseitestellen. In eine andere Schüssel geben, den Essig hinzufügen und umrühren, bis sich das Salz aufgelöst hat, wieder in ein Sieb geben und zum Abtropfen beiseitestellen.

2 Das Öl in einer Pfanne erhitzen und den Asant, den Knoblauch, den Ingwer und die Curryblätter darin leicht anbräunen.

3 Die gemahlenen Samen, die Kurkuma und das Chilipulver zugeben und 1 weitere Minute bräunen, dann die grünen Chilis, das Salz und den Zucker hinzufügen. Unter Rühren 1 Minute braten, dann die Limetten unterheben. Die Pfanne vom Herd nehmen und zum Abkühlen beiseitestellen.

4 Wenn die Mischung ganz abgekühlt ist, in sterile Einmachgläser füllen und vakuumdicht verschließen. Etwa 4–5 Wochen durchziehen lassen, dann hat das Chutney sein volles Aroma entfaltet. Es hält sich 10–12 Monate.

Naranga Choru
Zitronenreis

Zitronenreis ist eine beliebte Beilage in ganz Indien – sein mildes Aroma bietet einen guten Ausgleich zu scharfen und würzigen Currys. Zudem sieht er mit seiner zartgelben Farbe schön aus. Die Nüsse können auch durch geröstete Sonnenblumen- oder Kürbiskerne ersetzt werden.

1 Den Reis zwei- bis dreimal in kaltem Wasser waschen. Für 15–20 Minuten in kaltem Wasser einweichen, dann abgießen und abtropfen lassen.

2 Das Öl in einer beschichteten Pfanne erhitzen. Wenn es heiß ist, aber noch nicht raucht, die Senfsamen, die Curryblätter und die Cashewkerne darin 15–20 Sekunden anbraten.

3 Den abgetropften Reis, die Kurkuma und das Salz zugeben und unter Rühren 2–3 Minuten anbraten. Mit 500 Millilitern Wasser und dem Zitronensaft auffüllen, einmal umrühren, aufkochen und 2 Minuten weiterkochen lassen. Den Deckel aufsetzen, die Hitze reduzieren und 7–8 Minuten sanft köcheln.

4 Die Pfanne vom Herd nehmen und ohne Störung 6–7 Minuten beiseitestellen. Den Reis dann mit einer Gabel auflockern und sofort servieren.

Ergibt 4 Portionen

250 g Basmatireis

2 EL Sonnenblumenöl

½ TL schwarze Senfsamen

10–12 vorzugsweise frische Curryblätter

25 g Cashewkerne, grob gehackt

½ TL gemahlene Kurkuma

1 TL Salz

2 EL Zitronensaft

NÄHRWERT JE PORTION: 345 kcal – 1440 kJ – 6,9 g Protein – 57,4 g Kohlenhydrate, davon 0,4 g Zucker – 9,5 g Fett, davon 1,4 g gesättigte Fettsäuren – 0 mg Cholesterin – 22 mg Kalzium – 0,2 g Ballaststoffe – 20 mg Natrium

Khubani ka Meetha

Aprikosendessert

Dieses köstliche Dessert ist die Einfachheit selbst: Aprikosen in Zuckerwasser kochen, abkühlen lassen und mit frischer Schlagsahne servieren. Die Aprikosen erhalten durch Sternanis und Nelken eine würzige Note.

1 Die Aprikosen mit 750 Millilitern Wasser, den Nelken und dem Sternanis in einen Topf geben. Aufkochen, die Hitze reduzieren, den Deckel aufsetzen und 15 Minuten köcheln lassen. Mehrmals zwischendurch umrühren.

2 Die Gewürze entfernen und wegwerfen. Die Hälfte der Aprikosen mithilfe eines Schaumlöffels herausheben und beiseitestellen. Die übrigen Aprikosen mit dem Kochwasser im Topf pürieren.

3 Die ganzen Aprikosen mit dem Zucker unter das Püree rühren und 4–5 Minuten sanft köcheln lassen. Dann vom Herd nehmen und für 30 Minuten zum Abkühlen beiseitestellen.

4 Auf Dessertschälchen verteilen, die Sahne steif schlagen. Mit den Pistazien auf die Aprikosen geben und servieren.

Ergibt 4 Portionen

500 g getrocknete Aprikosen

4 Nelken

2 Sternanis

100 g Zucker

200 ml Sahne

2–3 EL Pistazien, grob gehackt, zum Garnieren

NÄHRWERT JE PORTION: 306 kcal – 1305 kJ – 5,2 g Protein – 74,4 g Kohlenhydrate, davon 74,4 g Zucker – 0,8 g Fett, davon 0 g gesättigte Fettsäuren – 0 mg Cholesterin – 106 mg Kalzium – 7,9 g Ballaststoffe – 19 mg Natrium

Ergibt 4 Portionen

1,2 l Vollmilch mit 3,5 % Fettgehalt

1 Prise Safranfäden, zerstoßen

25 g Ghee

6 grüne Kardamomkapseln, angedrückt

½ Zimtstange

2 Lorbeerblätter

75 g Basmatireis, mehrfach gewaschen

2–3 EL Zucker

25 g Cashewkerne, grob gehackt

3 EL Crème double

1 EL Rosenwasser

frisch gewaschene Rosenblätter zum Garnieren

NÄHRWERT JE PORTION: 445 kcal – 1852 kJ – 12,5 g Protein – 42,6 g Kohlenhydrate, davon 26,8 g Zucker – 26 g Fett, davon 14,6 g gesättigte Fettsäuren – 71 mg Cholesterin – 363 mg Kalzium – 0,2 g Ballaststoffe – 235 mg Natrium

Pal Payasam

Mit Safran aromatisierter Reispudding

Auch Menschen, die Reispudding normalerweise nicht zu ihren Lieblingsdesserts zählen, sollten diesen hier probieren: Er ist einfach himmlisch und ganz anders als der, der in der westlichen Welt zubereitet wird. Er braucht keine sonstigen Beilagen, wer möchte, kann aber frisches Obst dazureichen.

1 Die Milch etwas erwärmen, die zerstoßenen Safranfäden einrühren und beiseitestellen.

2 Das Ghee in einem Topf zerlassen und die Gewürze hinzugeben. In 25–30 Sekunden anrösten.

3 Den Reis und die mit Safran aromatisierte Milch zugeben. Aufkochen, die Hitze reduzieren und den Zucker sowie die Cashewkerne unterrühren. Die Mischung 45–50 Minuten leise köcheln lassen, dabei immer wieder umrühren. Vom Herd nehmen und die Sahne und das Rosenwasser unterheben.

4 In kleinen Dessertschälchen mit Rosenblättern garniert servieren.

Zentralindien

Shalgam Tikki
Pastinakenküchlein

Dum Machchi
Gedämpfter Fisch mit Kardamom, Zimt und Nelken

Jhinge ka Korma
Garnelen-Korma

Murgh Kalia Kesari
Goldenes Safranhühnchen

Murgh Korma Shahi
Königliches Hühnchen-Korma

Aam ka Gosht
Lamm in Mangosauce

Biryani Khaiberi
Lamm mit Safranreis

Tamatar ka Dulma
Gefüllte Tomaten

Gobi Matar
Blumenkohl und Erbsen in Senföl

Til-Aloo
Sesamkartoffeln in Senföl

Bhopali Roti
Knuspriges Fladenbrot mit Kreuzkümmel und Safran

Kaju Burfi
Gebackene Cashewrauten

Zentralindien

Zentralindien besteht im Prinzip aus nur einem großen Staat, Madhya Pradesh. Dieser Staat ist ausschließlich von Festland umgeben, das Arabische Meer grenzt an Gujarat im Westen und der Golf von Bengalen an Orissa im Osten. Die Landschaft besteht aus bis zu 600 Meter hohen Hügeln, die noch immer von Urwäldern bedeckt sind. Zentralindien ist reich an Naturschätzen. Die größte Diamantenmine des Landes liegt hier, und weil auch mehrere mächtige Flüsse durch den Staat fließen, kann ein Großteil der benötigten Elektrizität durch Wasserkraft gewonnen werden. Madhya Pradesh liegt am Nordende des Dekkanplateaus, einer gewaltigen Basaltplatte, die sich über den gesamten Zentral- und Südteil Indiens erstreckt. In dicken Schichten hat sich das Gestein abgelagert, und die darüber liegende nährstoffhaltige Vulkanerde hat es dem Staat ermöglicht, eine sehr erfolgreiche Agrikultur zu entwickeln.

Madhya Pradesh war Zeuge all der großen äußeren und inneren Einflüsse, die Kultur und Küche des Landes über die Jahrhunderte wesentlich geprägt haben. Dieser Staat ist ein typisches Beispiel für die Vielfalt der indischen Kultur: Wunderschöne Hindu- und Sikhtempel und muslimische Moscheen zieren die Region, und die verschiedenen Religionen und Völker leben seit den großen Unruhen des 20. Jahrhunderts in relativer Harmonie.

Die Wirtschaft Zentralindiens beruht hauptsächlich auf Agrikultur. Dieser fruchtbare Staat ist mit stabilen Wetterverhältnissen gesegnet – ein heißer Sommer von April bis Juni, gefolgt von den erlösenden, sintflutartigen Regenfällen des Monsuns von Juli bis August – was den Bauern die Planung ermöglicht, welche Feldfrüchte angebaut, wann sie gepflanzt und wann sie geerntet werden sollen. In Madhya Pradesh werden hauptsächlich Reis, Weizen, Sorghum und Hirse angebaut und auf den lokalen Märkten verkauft. Das für die Region typische Fladenbrot aus Sorghum ist inzwischen im ganzen Land bekannt. Ölsamen, Baumwolle, Zuckerrohr und Sojabohnen sind die für die Wirtschaft wichtigsten Güter. Sie werden in die ganze Welt exportiert und auch lokal gegessen. Obwohl Reis eine wichtige Zutat für die zentralindische Küche ist, wird in den trockeneren westlichen Regionen Weizen bevorzugt.

Die wichtigsten Städte von Madhya Pradesh sind Bhopal, Indore und Gwalior. Bhopal, die Hauptstadt des Staates, liegt malerisch zwischen Seen und Hügeln. In den Tagen der britischen Herrschaft wurde der Staat von mehreren indischen Prinzen regiert, die loyal zu den Briten standen. Sogar heute noch, im 21. Jahrhundert, leben in allen drei Städten indische Prinzen und Prinzessinnen in ihren Palästen, und in den reichen Familien wird noch immer nach den traditionellen, exotischen königlichen Rezepten gekocht.

Madhya Pradesh hat viele der kulinarischen Gewohnheiten seiner Nachbarstaaten Gujarat, Rajasthan und Bihar übernommen, die in diese heiße, trockene Gegend passen. Die luxuriösen Gerichte, die mit ihren essbaren Gold- und Silberverzierungen eines Festbanketts würdig sind, zählen für die meisten Menschen natürlich nicht zur üblichen Kost. Was allerdings immer zum alltäglichen Essen in Zentralindien gehört, sind viele verschiedene Gewürze, Nüsse und Samen, die Fleisch, Fisch und Gemüse beigemischt werden. Die Menschen von Madhya Pradesh lieben Snacks, oft niedliche kleine Leckereien aus Gemüse, zart und in schmackhaftem Teig frittiert, oder köstliche süße Kuchen mit Cashewkernen.

Shalgam Tikki

Pastinakenküchlein

Zentralindien ist berühmt für seine große Vielfalt an Snacks. Dieser hier wurde ursprünglich mit Rettich gemacht (deswegen auch der indische Rezeptname). Allerdings passte die Süße der Pastinaken so gut zu der Schärfe des Ingwers und der Chilischoten, dass er den Rettich ersetzte.

1 Das Öl in einer großen Bratpfanne erhitzen und die Pastinaken hineingeben. Darin bei mittlerer Hitze anbraten, bis die Ecken schön gebräunt, aber nicht angebrannt sind.

2 Zwiebeln, Ingwer und Chilis zugeben, für 3–4 Minuten mitbraten und die Pfanne dann vom Herd nehmen.

3 Das Brot in kaltem Wasser einweichen und ausdrücken. Zusammen mit dem Ei in einen Mixer geben und glatt pürieren. Pastinaken, Garam Masala, Salz und frischen Koriander hinzufügen und noch einmal gut glatt pürieren. In eine Rührschüssel umfüllen und für 30–40 Minuten in den Kühlschrank stellen. Aus der Masse dann 14 gleich große Bällchen formen und diese zu etwa 5 Millimeter hohen Küchlein flach drücken.

4 Den Boden einer Pfanne etwa 1 Zentimeter hoch mit Öl füllen und bei mittlerer Hitze heiß werden lassen. Die Pastinakenküchlein portionsweise darin goldbraun ausbacken, auf Küchenpapier abtropfen lassen und sofort mit Mangochutney servieren.

Ergibt 14 Stück

2 EL Sonnenblumenöl

700 g Pastinaken, geschält und gewürfelt

1 große Zwiebel, grob gehackt

2,5 cm frischer Ingwer, grob gehackt

2–3 grüne Chilischoten, entkernt, falls gewünscht, und grob gehackt

1 große Scheibe Weißbrot, 1–2 Tage alt

1 großes Ei

½ TL Garam Masala

¾ TL Salz

15 g frisch gehackter Koriander

Öl zum Frittieren

NÄHRWERT JE PORTION: 125 kcal – 521 kJ – 2 g Protein – 9,9 g Kohlenhydrate, davon 4,7 g Zucker – 8,9 g Fett, davon 1,1 g gesättigte Fettsäuren – 14 mg Cholesterin – 35 mg Kalzium – 3 g Ballaststoffe – 22 mg Natrium

Ergibt 4 Portionen

700 g weißfleischiges Fischfilet

1½ TL Zitronensaft

1 TL Salz

½ Zimtstange, zerbrochen

Samen von 6 grünen Kardamomkapseln

1 TL Kreuzkümmelsamen

2 TL Koriandersamen

1 EL weiße Mohnsamen

1 EL Sesamsamen

4 EL Sonnenblumenöl

1 große Zwiebel, fein gehackt

2 TL Knoblauchpüree

2 TL Ingwerpüree

½–1 TL Chilipulver

½ TL gemahlene Kurkuma

125 g dicker Naturjoghurt, verquirlt

2 große Tomaten, in Scheiben geschnitten

2–3 EL frisch gehackter Koriander

Dum Machchi

Gedämpfter Fisch mit Kardamom, Zimt und Nelken

Der Fisch in diesem Rezept wird in einer dicht abgeschlossenen Auflaufform gedämpft, sodass weder der Dampf noch das Aroma verloren gehen. Er passt wunderbar zu dem Basmatireis mit karamellisiertem Zucker von Seite 155.

1 Den Fisch in etwa 5 Zentimeter große Stücke teilen und mit dem Zitronensaft und der Hälfte des Salzes sanft einreiben. Für 20 Minuten beiseitestellen, sodass er die Aromen absorbieren kann. Den Backofen auf 160 °C vorheizen. Zimt, Kardamomkapseln, Koriander-, Mohn- und Sesamsamen in einer Gewürzmühle oder dem Mörser zu einem feinen Pulver verarbeiten.

2 In einer kleinen Pfanne das Öl erhitzen und die Zwiebeln darin glasig braten. Knoblauch und Ingwer zugeben und für 2 Minuten mitbraten, dann die gemahlenen Gewürze, das Chilipulver und die Kurkuma unterheben. Unter ständigem Rühren 1 Minute anbraten, dann das übrige Salz und den Joghurt hineinrühren. Vom Herd nehmen und gründlich vermischen.

NÄHRWERT JE PORTION: 353 kcal – 1473 kJ – 36,2 g Protein – 17,8 g Kohlenhydrate, davon 10,6 g Zucker – 15,9 g Fett, davon 2,3 g gesättigte Fettsäuren – 0,2 mg Cholesterin – 320 mg Kalzium – 2,2 g Ballaststoffe – 126 mg Natrium

3 In einer Auflaufform (15 x 30 Zentimeter) die Hälfte der Gewürzmischung, die Hälfte der Tomaten und die Hälfte des gehackten Korianders verteilen. Die Fischstücke in einer Lage daraufsetzen. Mit der übrigen Gewürzmischung, den übrigen Tomaten und dem übrigen Koriander bedecken. Mit Alufolie gründlich verschließen, vor allem die Ecken sorgfältig umschlagen. Auf der mittleren Schiene im Backofen 35–40 Minuten garen.

4 Auf eine Servierplatte umschichten und mit dem Bratensaft beträufelt servieren.

Jhinge ka Korma
Garnelen-Korma

Dieses saftige Gericht stammt aus Bhopal, der Hauptstadt der zentralindischen Bundesstaaten, die bekannt für ihre großartigen Fisch- und Meeresfrüchterezepte ist. Rohe Garnelen sind ideal, aber man kann auch gekochte und geschälte Riesengarnelen nutzen. Dann sollte man aber darauf achten, dass sie in der Sauce nur noch einmal sanft erhitzt und nicht überkocht werden. Der kühlende Joghurt und die Mandeln bilden einen schönen Kontrast zu den scharfen Noten von Chili, Ingwer und Knoblauch.

1 Die Mandeln in 150 Millilitern kochendem Wasser 20 Minuten einweichen.

2 Garnelen, Zitronensaft und Kurkuma in einer großen Rührschüssel vermischen.

3 Die Mohn- und Sesamsamen in einer Gewürzmühle oder dem Mörser fein zermahlen, sodass sie etwa die Konsistenz und Größe von Salz haben.

4 Den Joghurt mit dem Kichererbsenmehl in einer kleinen Schüssel verrühren und beiseitestellen.

5 In einem großen Topf das Öl bei mittlerer Hitze erwärmen und die Zwiebeln darin etwa 5–6 Minuten glasig andünsten.

6 Ingwer- und Knoblauchpüree sowie die gemahlenen Gewürze und das Chilipulver unterrühren und 2–3 Minuten mitbraten. Dann die Garnelen, den Joghurt und das Salz zugeben, die Hitze reduzieren, den Deckel aufsetzen und 3–4 Minuten weiterbraten.

7 In der Zwischenzeit die Mandeln mit ihrem Einweichwasser pürieren und unter die Garnelen heben. Gut verrühren und noch einmal 5–6 Minuten köcheln lassen, bis die Garnelen anfangen sich einzurollen.

8 In eine Servierschüssel geben und mit den gerösteten Mandeln garnieren. Dazu passt der Basmatireis mit karamellisiertem Zucker von Seite 155.

Ergibt 4 Portionen

50 g Mandeln

500 g küchenfertige Riesengarnelen

2 EL Zitronensaft

½ TL gemahlene Kurkuma

1 EL weiße Mohnsamen

1 EL Sesamsamen

150 g Naturjoghurt, 3,5 % Fett

1½ TL Kichererbsenmehl

4 EL Sonnenblumen- oder Olivenöl

1 große Zwiebel, fein gewürfelt

2 TL Ingwerpüree

2 TL Knoblauchpüree

1 Chilischote, entkernt und fein gehackt

¼–½ TL Chilipulver

1 TL Salz

1 EL Mandelblättchen, geröstet, zum Garnieren

NÄHRWERT JE PORTION: 143 kcal – 601 kJ – 20,4 g Protein – 5,4 g Kohlenhydrate, davon 2,7 g Zucker – 4,8 g Fett, davon 0,7 g gesättigte Fettsäuren – 195 mg Cholesterin – 168 mg Kalzium – 0,6 g Ballaststoffe – 230 mg Natrium

Murgh Kalia Kesari
Goldenes Safranhühnchen

Dieses Rezept reicht in die Zeiten der Mogulherrscher zurück, in der man Zutaten, die für Reichtum und Luxus standen, verschwenderisch einsetzte. Eines dieser Produkte ist Safran. Er gehört noch heute zu den teuersten Gewürzen der Welt und gibt diesem saftigen Gericht sein unvergleichliches Aroma. Das Hühnchen wird in Milch gekocht und mit frisch gemachtem Mandelpüree verfeinert.

Ergibt 4 Portionen

50 g Mandeln

700 g Hühnerbrustfilet ohne Haut, in 5 cm große Würfel geschnitten

2 TL Knoblauchpüree

2 TL Ingwerpüree

1 TL gemahlener Kreuzkümmel

1½ TL gemahlener Koriander

½–1 TL getrocknete Chiliflocken

1 große Zwiebel, fein gehackt

75 g Naturjoghurt

2 TL Kichererbsenmehl

4 ganze Nelken

4 grüne Kardamomkapseln, am Kopf eingeschnitten

½ Zimtstange

25 g Ghee

300 ml Vollmilch

½ TL Safranfäden, zerstoßen und in 1 EL warmer Milch eingeweicht

½ TL Garam Masala

1–2 frische grüne Chilischoten, entkernt und in feinste Streifen geschnitten

NÄHRWERT JE PORTION: 554 kcal – 2321 kJ – 75,6 g Protein – 5,1 g Kohlenhydrate, davon 4,7 g Zucker – 25,9 g Fett, davon 12,2 g gesättigte Fettsäuren – 225 mg Cholesterin – 146 mg Kalzium – 0,8 g Ballaststoffe – 792 mg Natrium

1 Die Mandeln in 150 Millilitern kochendem Wasser 20 Minuten einweichen.

2 Währenddessen das Fleisch mit Knoblauch, Ingwer, Kreuzkümmel, Koriander, Chiliflocken und Zwiebeln in einen großen Topf geben. Den Joghurt mit dem Kichererbsenmehl verquirlen und ebenfalls dazugeben.

3 Nelken, Kardamomkapseln und Zimtstange einstreuen und den Topf bei mittlerer Hitze auf den Herd stellen. Rühren, bis die Zutaten zu köcheln beginnen. Die Hitze dann auf die niedrigste Stufe reduzieren, den Deckel auflegen und 20–25 Minuten garen. Gelegentlich umrühren.

4 Den Deckel entfernen und alles bei großer Hitze und unter ständigem Rühren zu einer dickflüssigen Konsistenz einkochen.

5 Das Ghee hinzufügen und das Hühnchen noch einmal 3–4 Minuten unter Wenden braten.

6 Die Mandeln mit ihrem Einweichwasser pürieren und zum Hühnchen geben. Mit Milch aufgießen, den eingeweichten Safran mit der Milch hinzufügen, einmal umrühren und aufkochen. Dann die Hitze reduzieren und 5–6 Minuten köcheln lassen.

7 Das Garam Masala unterrühren und den Topf vom Herd nehmen. Mit den Chilistreifen garnieren und mit Naan servieren.

Murgh Korma Shahi
Königliches Hühnchen-Korma

Die Präsenz der royalen Haushalte in Zentralasien etablierte die Zubereitung von reichhaltigen, luxuriösen Speisen, die auch heute noch weitverbreitet ist. Es gibt viele Arten von Korma – und ganz im Gegensatz zum allgemeinen Glauben ist Korma keine Bezeichnung für ein Gericht, sondern für eine indische Zubereitungsart. Mit seiner pikanten Cashewsauce unterscheidet sich dieses Korma deutlich von dem Hyderabadi-Murgh-Korma aus dem Süden Indiens, auch wenn beide der royalen Tradition entspringen.

1 Das Hühnchen in eine große Schüssel geben. Joghurt und Kichererbsenmehl miteinander verquirlen und zum Fleisch geben. Salz, Ingwer und Knoblauch unterrühren, die Schüssel mit einem sauberen Tuch abdecken und für etwa 1 Stunde zum Marinieren beiseitestellen.

2 Das Ghee bei mittlerer Hitze in einem großen Topf erhitzen. Zimt und Zwiebeln darin 5–6 Minuten anbraten, bis die Zwiebeln glasig sind.

3 Kurkuma, Koriander und Chilipulver 1 Minute mitbraten, dann das Hühnchen zugeben.

4 Die Hitze leicht erhöhen und alles 3–4 Minuten unter Rühren braten, bis das Hühnchen beginnt, die Farbe zu ändern.

5 Mit 300 Millilitern warmem Wasser auffüllen. Aufkochen, die Hitze reduzieren und 15 Minuten köcheln lassen.

6 Die Cashewkerne abgießen und mit der Sahne im Mixer zu einem feinen Püree verarbeiten. Unter das Hühnchen rühren und 2–3 Minuten weiterköcheln.

7 Mit Kardamom und Muskatblüte abschmecken und vom Herd nehmen. Mit Fladenbrot serviert ist es ein erfrischendes Sommeressen.

Ergibt 4 Portionen

700 g Hühnerbrustfilet, in 5 cm große Stücke geschnitten

75 g Naturjoghurt

2 TL Kichererbsenmehl

1 TL Salz

2 TL Ingwerpüree

2 TL Knoblauchpüree

4 EL Ghee

½ Zimtstange

1 große Zwiebel, fein gewürfelt

½ TL gemahlene Kurkuma

1 EL gemahlener Koriander

½ TL Chilipulver

50 g ungesalzene Cashewkerne, 15 Min. in kochendem Wasser eingeweicht

150 ml Sahne

½ TL gemahlener Kardamom

½ TL Muskatblüte

NÄHRWERT JE PORTION: 343 kcal – 1450 kJ – 54 g Protein – 18 g Kohlenhydrate, davon 10,7 g Zucker – 6,8 g Fett, davon 2,6 g gesättigte Fettsäuren – 151 mg Cholesterin – 66 mg Kalzium – 1,8 g Ballaststoffe – 197 mg Natrium

Aam ka Gosht

Lamm in Mangosauce

Dieses Gericht hat eine angenehme süßsaure Note und ist eine Spezialität der Mughal-Küche. Die Mangos werden dafür in Zuckersirup gekocht, bevor sie zum Fleisch gegeben werden. Da frische Mangos nicht immer zu erhalten sind, verlangt dieses Rezept nach getrockneten.

Ergibt 4 Portionen

700 g entbeinte Lammkeule

4 EL Sonnenblumenöl

1 große Zwiebel, fein gewürfelt

2 TL Ingwerpüree

2 TL Knoblauchpüree

1 TL gemahlene Kurkuma

2 TL gemahlener Kreuzkümmel

½–1 TL Chilipulver

50 g griechischer Naturjoghurt

2 TL Kichererbsenmehl

1 TL Salz

2 feste Rispentomaten, gehäutet und entkernt

120 g getrocknete Mangos

½ TL Garam Masala

1½ TL Rotweinessig

2 EL frisch gehackter Koriander

1 Alles sichtbare Fett vom Lamm entfernen und das Fleisch in Würfel von etwa 5 Zentimetern Größe schneiden. Beiseitestellen.

2 Das Öl in einem schweren Topf erhitzen und die Zwiebeln darin 4–5 Minuten anbraten, dann Ingwer und Knoblauch zugeben.

3 Ingwer und Knoblauch 3–4 Minuten mitbraten, dann Kurkuma, Kreuzkümmel und Chilipulver hinzufügen. Nach 30 Sekunden 3 Esslöffel Wasser zugeben und unter Rühren komplett aufnehmen lassen. Diesen Prozess noch zweimal wiederholen.

4 Das Fleisch in den Topf geben und die Hitze reduzieren. Joghurt und Kichererbsenmehl miteinander verquirlen und unterheben. Alles gut miteinander vermischen und 40–45 Minuten abgedeckt köcheln lassen.

5 Salz, Tomaten und Mangos dazugeben und ohne Deckel weitere 10–12 Minuten köcheln lassen, bis die Sauce leicht eingedickt ist.

6 Zuletzt das Garam Masala, den Essig und die Hälfte des gehackten Korianders unterrühren. In eine Servierschüssel füllen, mit dem übrigen Koriander bestreuen und mit Naan servieren.

NÄHRWERT JE PORTION: 534 kcal – 2230 kJ – 38,8 g Protein – 23,6 g Kohlenhydrate, davon 17 g Zucker – 32,6 g Fett, davon 10,8 g gesättigte Fettsäuren – 133 mg Cholesterin – 98 mg Kalzium – 3,8 g Ballaststoffe – 176 mg Natrium

Biryani Khaiberi
Lamm mit Safranreis

Das aus Afghanistan stammende Biryani bezeichnet eine bestimmte Art von Reisgericht. Für dieses hier wird Lamm in einer duftenden Sauce mit von Safran aromatisiertem Reis gekocht. Das Fleisch und der Reis werden etappenweise zubereitet und dann schichtweise in einer gut schließenden Form zur Vollendung gebracht.

1 Das Fleisch in eine große Schüssel geben, mit dem Joghurt und dem Salz vermischen und für 20–30 Minuten beiseitestellen.

2 Das Ghee bei mittlerer Hitze in einem Topf zerlassen und die Zwiebeln darin gut anbräunen. Die Hitze ausschalten, die Zwiebeln mit einer Schaumkelle herausnehmen und auf Küchenpapier abtropfen lassen.

3 Den Topf zurück auf den Herd stellen und den Ingwer und den Knoblauch zugeben. Bei geringer Hitze 1 Minute anbraten, dann die Gewürzmischung zugeben und unter Rühren noch einmal 1–2 Minuten weiterbraten. Das Fleisch einrühren und bei mittlerer Hitze 2–3 Minuten braten. Vom Herd nehmen und beiseitestellen.

4 Für den Reis den Safran in der heißen Milch einweichen und beiseitestellen. Den Backofen auf 160 °C vorheizen. In einem anderen Topf 1,5 Liter Wasser aufkochen und alle Zutaten mit Ausnahme der Safranmilch und des Ghees einrühren. Gleichmäßig 2–3 Minuten kochen lassen, abgießen, dabei die ganzen Gewürze auffangen und beiseitestellen.

5 Das Fleisch gleichmäßig in eine große ofenfeste Form füllen. Die Hälfte der Zwiebeln und den Reis mit den ganzen Gewürzen daraufgeben und die Safranmilch und das Ghee darüberträufeln.

6 Ein sauberes Küchenhandtuch nass machen und auswringen. Ein großes Stück Backpapier auf den Reis geben, das ausgewrungene Küchenhandtuch darauf ausbreiten und den Topf mit einer doppelten Lage Alufolie abdichten. Den Deckel aufsetzen und den Topf auf die mittlere Schiene des Ofens stellen. Für 1 Stunde garen, dann den Ofen abschalten, aber den Topf noch 30 Minuten im Ofen belassen.

7 Den Topf aus dem Ofen nehmen und das Biryani mit einer Gabel auflockern, dabei Reis und Fleisch vermischen. Mit den übrigen Zwiebelringen garniert servieren.

Ergibt 4–5 Portionen

Für das Fleisch:

700 g entbeinte Lammkeule, in 2,5 cm große Würfel geschnitten

50 g fester Naturjoghurt, verquirlt

1 TL Salz

75 g Ghee

2 große Zwiebeln, fein gewürfelt

2 TL Ingwerpüree

2 TL Knoblauchpüree

Für die Gewürzmischung:

2 TL Koriandersamen, fein gemahlen

2 TL Kreuzkümmelsamen, fein gemahlen

½ Zimtstange, fein gemahlen

4 Kardamomkapseln, fein gemahlen

4 Nelken, fein gemahlen

1 EL weiße Mohnsamen, fein gemahlen

¼ Muskatnuss, fein gemahlen

Für den Reis:

½ TL Safranfäden, zerstoßen

2 EL heiße Milch

½ Zimtstange

4 Kardamomkapseln, angedrückt

4 Nelken

2 Sternanis

2 Lorbeerblätter

2 TL Salz

350 g Basmatireis, gewaschen und abgetropft

1 EL Ghee, zerlassen

NÄHRWERT JE PORTION: 769 kcal – 3208 kJ – 43,6 g Protein – 67,6 g Kohlenhydrate, davon 14,5 g Zucker – 36,2 g Fett, davon 15 g gesättigte Fettsäuren – 142 mg Cholesterin – 134 mg Kalzium – 2,6 g Ballaststoffe – 252 mg Natrium

Ergibt 4 Portionen

8 feste, mittelgroße Tomaten

1 EL Sonnenblumenöl

½ TL Kreuzkümmelsamen

1 cm frischer Ingwer, fein gerieben

1–2 grüne Chilischoten, entkernt, falls gewünscht, und fein gehackt

1 EL Pistazienkerne

1 EL Rosinen

¼ TL gemahlene Kurkuma

½ TL gemahlener Kreuzkümmel

115 g frisch geriebener Paneer (alternativ Halloumi, fein gehackt)

½ TL Salz

2 EL Creme double

2–3 EL frisch gehackter Koriander

NÄHRWERT JE PORTION: 167 kcal – 700 kJ – 6,8 g Protein – 12 g Kohlenhydrate, davon 10,6 g Zucker – 11,1 g Fett, davon 3,8 g gesättigte Fettsäuren – 13,2 mg Cholesterin – 52,3 mg Kalzium – 2,6 g Ballaststoffe – 151 mg Natrium

Tamatar ka Dulma

Gefüllte Tomaten

Diese gefüllten Tomaten sind sowohl kalt als auch heiß ein Genuss. Die Füllung besteht aus geriebenem Paneer, der mit Kreuzkümmel, Chili und Koriander gewürzt wird. Rosinen und Pistazien geben dem Ganzen eine abwechslungsreiche Konsistenz. Wer keine Pistazien mag, kann diese durch grüne Erbsen ersetzen. Die gefüllten Tomaten passen besonders gut zu den Sesamkartoffeln in Senföl von Seite 130.

1 Die Deckel der Tomaten abschneiden und die Kerne und das Fruchtfleisch mithilfe eines Löffels entfernen. Die Deckel aufbewahren.

2 Den Backofen auf 190 °C vorheizen. Das Öl bei mittlerer Hitze in einer kleinen Pfanne erhitzen. Die Kreuzkümmelsamen darin 15–20 Sekunden anbraten, dann den Ingwer und die Chilis zugeben. Nach 1 Minute die Pistazien, die Rosinen, die Kurkuma und den gemahlenen Kreuzkümmel unterrühren, 1–2 Minuten weiterbraten, dann die übrigen Zutaten hinzufügen. Mit einem hölzernen Kochlöffel gut vermischen und die Pfanne vom Herd nehmen.

3 Die Tomaten mit der Mischung füllen und mit den beiseitegelegten Deckeln verschließen. Eine Auflaufform mit Butter fetten, die Tomaten hineinsetzen und die Form mit Alufolie gründlich abdichten.

4 Auf der mittleren Schiene des Ofens 15 Minuten backen.

Gobi Mattar
Blumenkohl und Erbsen in Senföl

Ghee und Senföl sind die zwei meistgenutzten Fette Zentralindiens. Der Blumenkohl und die Erbsen garen bei diesem herrlichen Gericht in ihrem eigenen Saft und bekommen durch das mit Kreuzkümmel und Koriander aromatisierte Senföl eine nussige Note. Es ist eine tolle Beilage zu den verschiedensten Linsengerichten, zu Hühnchen mit gebratenen Zwiebeln (Seite 30) oder zu Lammcurry in Tomatensauce (Seite 37).

1 Den Blumenkohl in kleine Röschen von etwa 1 Zentimeter Größe teilen und diese in kochendem Salzwasser 3 Minuten blanchieren. Sofort in Eiswasser abschrecken und abtropfen lassen.

2 Das Senföl bei mittlerer Hitze in einer großen Pfanne bis zum Rauchpunkt erhitzen. Vom Herd nehmen, erst die Senf-, dann die Kreuzkümmelsamen, die getrocknete Chili und die Bockskornkleesamen zugeben. Anschließend sofort die grünen Chilis und den Ingwer unterheben und alles etwa 1 Minute gut miteinander verrühren. Kurkuma und Koriander einstreuen, gut rühren und die Pfanne zurück auf den Herd stellen.

3 Den Blumenkohl, die Erbsen und das Salz in die Pfanne geben und bei mittlerer Hitze 5–6 Minuten unter Rühren garen, bis der Blumenkohl weich und die Erbsen gar sind.

4 Die Pfanne vom Herd nehmen und sofort servieren.

Ergibt 4 Portionen

1 großer Blumenkohl (etwa 500 g), Blätter und Stiel entfernt

2–3 EL Senföl

½ TL schwarze Senfsamen

½ TL Kreuzkümmelsamen

1 getrocknete rote Chilischote, grob zerhackt

5–6 Bockshornkleesamen

1–2 grüne Chilischoten, entkernt, falls gewünscht, und in Ringe geschnitten

2 TL Ingwerpüree

½ TL gemahlene Kurkuma

1 TL gemahlener Koriander

175 g gefrorene Erbsen

½ TL Salz

NÄHRWERT JE PORTION: 164 kcal – 678 kJ – 43,6 g Protein – 8,1 g Kohlenhydrate, davon 10 g Zucker – 10,5 g Fett, davon 1,3 g gesättigte Fettsäuren – 0 mg Cholesterin – 42,3 mg Kalzium – 4,3 g Ballaststoffe – 13 mg Natrium

Til-Aloo

Sesamkartoffeln in Senföl

Was gibt es Appetitlicheres als knusprige Kartoffelwürfel, die in scharfem Senföl angebraten und mit gerösteten Gewürzen verfeinert werden? Die Kurkuma verleiht den Kartoffelwürfeln einen goldenen Schimmer. Sie passen besonders gut zu der Forelle in Zitronen-Senf-Marinade von Seite 29.

1 In einer kleinen Pfanne Koriander, Kreuzkümmel und Chilis bei mittlerer Hitze ohne die Zugabe von Fett nicht länger als 1 Minute anrösten. Auf einen Teller geben und beiseitestellen.

2 Die Pfanne zurück auf den Herd stellen und die Sesamsamen ebenfalls ohne die Zugabe von Fett goldbraun anrösten, dabei regelmäßig rühren. Auf einem Teller beiseitestellen.

3 Die gerösteten Gewürze mit den Sesamsamen, bis auf 1 Teelöffel zum Servieren, in einer Gewürzmühle oder dem Mörser fein mahlen.

4 Die Kartoffeln bürsten und mit einem sauberen Tuch trocknen. Gemäß ihrer Größe vierteln oder halbieren, sodass man in etwa gleich große Stücke erhält. In die Pfanne geben, 300 Milliliter warmes Wasser angießen und etwas Salz zugeben. Aufkochen, die Hitze reduzieren und die Kartoffeln bei geschlossenem Deckel 12–15 Minuten garen. Die Kartoffeln sollten dann die Flüssigkeit aufgenommen haben.

5 In einer beschichteten Pfanne 4 Esslöffel des Senföls bis zum Rauchpunkt erhitzen und die Kartoffeln darin in zwei Portionen rundum knusprig und goldbraun anbraten. Auf Küchenpapier abtropfen lassen.

6 Die Hitze reduzieren, das restliche Öl in die Pfanne geben und die Kurkuma einrühren. Dann die gebratenen Kartoffeln wieder zugeben und die übrigen gemahlenen Gewürze unterheben.

7 In eine Servierschüssel füllen und mit den beiseitegelegten Sesamsamen bestreut servieren.

Ergibt 4 Portionen

1 TL Koriandersamen

1 TL Kreuzkümmelsamen

2–3 getrocknete rote Chilischoten, grob zerhackt

2 EL Sesamsamen

800 g Kartoffeln

6 EL Senföl

1 TL gemahlene Kurkuma

1 TL Salz

NÄHRWERT JE PORTION: 286 kcal – 1196 kJ – 5,1 g Protein – 31,6 g Kohlenhydrate, davon 2,5 g Zucker – 16,4 g Fett, davon 2 g gesättigte Fettsäuren – 0 mg Cholesterin – 68,2 mg Kalzium – 2,5 g Ballaststoffe – 24 mg Natrium

Ergibt 12 Brote

50 g ungesalzene Cashewkerne

1 Prise Safran

1 TL Kreuzkümmelsamen

350 g Chapati-Mehl zzgl. etwas zum Bestäuben

115 g Reismehl

½ TL Salz

1 grüne Chilischote, entkernt, falls gewünscht, und fein gehackt

1 EL frisch gehackter Koriander

1 EL Ghee

Sonnenblumenöl zum Ausbacken

Tipp

Chapati-Mehl ist eine spezielle Mischung aus Weizenmehl und Weizenschrot und in asiatischen Lebensmittelläden erhältlich.

NÄHRWERT JE PORTION: 169 kcal – 710 kJ – 5,4 g Protein – 27,3 g Kohlenhydrate, davon 0,9 g Zucker – 4,8 g Fett, davon 1,3 g gesättigte Fettsäuren – 3 mg Cholesterin – 15 mg Kalzium – 2,8 g Ballaststoffe – 22 mg Natrium

Bhopali Roti

Knuspriges Fladenbrot mit Kreuzkümmel und Safran

Dieses reichhaltige Brot hat einen so tollen Eigengeschmack, dass es nicht als Beilage verschwendet werden sollte. Kreuzkümmel und Safran sind die aromareichen Zutaten, man kann sie aber auch noch durch Chili und Koriander ergänzen.

1 Die Cashewkerne mit dem Safran in 100 Milliliter kochendem Wasser 15 Minuten einweichen. Eine kleine Pfanne erhitzen und die Kreuzkümmelsamen darin ohne die Zugabe von Fett rösten. Aus der Pfanne nehmen, abkühlen lassen und mit dem Mörser zerstoßen. Das Chapati-Mehl mit dem Reismehl, dem Salz, den Chilis, dem Koriander und dem zerstoßenen Kreuzkümmel in einer großen Rührschüssel vermischen. Das Ghee mit den Fingerspitzen einarbeiten.

2 Die Cashewkerne und den Safran mit ihrem Einweichwasser pürieren und zu der Mehlmischung geben. Mit den Fingerspitzen nach und nach 120 Milliliter warmes Wasser einkneten. In 4–5 Minuten ständigen Knetens zu einem geschmeidigen Teig verarbeiten. Mit einem Tuch bedecken und 30 Minuten gehen lassen.

3 Aus dem Teig zwölf Bällchen rollen, diese dabei zwischen den Handflächen bewegen, sodass sie schön weich werden. Zu etwa 1 Zentimeter dicken Fladen flach drücken, mit Mehl bestreuen und zu etwa 15 Zentimeter großen Kreisen ausrollen. Eine Grillpfanne erhitzen und einen Teigkreis hineingeben. Für 2 Minuten backen, dann umdrehen, mit 1 Esslöffel Öl bestreichen, erneut wenden und nochmals 2 Minuten backen, bis die Seite gut gebräunt ist. Für die andere Seite wiederholen und mit den übrigen Teigkreisen genauso verfahren.

Ergibt 16 Stück

225 g ungesalzene Cashewkerne

100 g Zucker

1 EL Ghee

½ TL gemahlener Kardamom

NÄHRWERT JE PORTION: 117 kcal – 490 kJ – 2,9 g Protein – 9,2 g Kohlenhydrate, davon 7,3 g Zucker – 7,9 g Fett, davon 1,9 g gesättigte Fettsäuren – 2 mg Cholesterin – 8 mg Kalzium – 0,5 g Ballaststoffe – 48 mg Natrium

Kaju Burfi

Gebackene Cashewrauten

Dieses süße Gebäck ist sehr populär und überall in Indien zu finden. Es ist einfach in der Herstellung und benötigt nur wenige Zutaten – perfekt um damit Freunde und Verwandte im Alltag zu verwöhnen. Der Kardamom verleiht eine exotische Note, die perfekt mit Tee oder Kaffee harmoniert.

1 Die Cashewkerne in kochendem Wasser 20 Minuten einweichen, dann abgießen und in einem Mixer zu einer feinen Paste verarbeiten. Diese Paste in eine große Rührschüssel oder auf eine flache, trockene Oberfläche geben.

2 Die übrigen Zutaten hinzufügen und alles zu einem glatten, buttrigen Teig verkneten.

3 Den Backofen auf 160 °C vorheizen und ein Backblech mit Backpapier auslegen. Den Teig daraufgeben und mit einem Palettmesser zu einem etwa 20 Zentimeter großen Quadrat ausstreichen. Auf der mittleren Schiene in 35–40 Minuten zartbraun ausbacken.

4 Aus dem Backofen nehmen und 15 Minuten zum Abkühlen beiseitestellen. Anschließend in kleine Rauten schneiden.

Westindien

Akoori
Würziges Rührei

Rissóis de Camrao
Garnelenküchlein

Camrao de Caldeen
Garnelencurry nach Goa-Art

Crab Xec Xec
Krabbe in Kokossauce

Murgh Kolhapuri
Feuriges Hühnchen aus Kolhapur

Batair Mussallam
Gefüllte Wachteln

Vindaloo
Schweinefleisch in Knoblauch und Essig

Dhansak
Lamm mit Linsen und Gemüse

Kela Na Sambhariya
Würzig gefüllte Bananen

Kairas
Paprikagemüse mit Cashewkernen

Brinjal Achar
Auberginen-Pickle

Peela Bhat
Karamellisierter Basmatireis

Filoss
Frittierte Bananen

Westindien

Westindien besteht aus vier Staaten verschiedener Größe: Goa, einer kleinen Enklave an der Westküste; Maharashtra, einem ausgedehnten Staat, der sich vom Arabischen Meer aus über beinahe die gesamte Breite Indiens erstreckt; Gujarat, einem weiteren Küstenstaat, der sich stolz damit rühmt, der Geburtsort vieler hochrangiger Politiker Indiens zu sein, darunter auch Gandhi; und schließlich Rajasthan, einer großen Wüstenregion im Inland, die an Pakistan grenzt.

Rajasthan ist die alte Heimat indischer Kaiser und Prinzen, wo sich eine angemessen kunstvolle Küche für all die königlichen Persönlichkeiten entwickelte, in der häufig das am Vortag erlegte Wild verarbeitet wurde. Trotz der königlichen kulinarischen Traditionen gibt es auch viele Vegetarier in diesem Staat, vor allem in der Marwari-Gemeinschaft, die beinahe die gesamte Finanz- und Geschäftsbranche kontrolliert und die im ganzen Land Einfluss hat.

Im bunten Wirrwarr der indischen Regionalküchen gebührt Gujarat ein ganz besonderer Ehrenplatz, da in diesem Staat die Kunst des vegetarischen Kochens vollendet wurde, woran die in Gujarat stark vertretene Glaubensgruppe der Jains einen entscheidenden Anteil hatte. Die Köche der Region haben in dieser Herausforderung jedoch kaum eine Beschränkung gesehen und ein spektakuläres Aufgebot köstlicher und nährstoffreicher Speisen entworfen, wofür ganz Indien sie rühmt. Gujarat lässt sich klimatisch in drei Gebiete einteilen, in denen sich jeweils sehr unterschiedliche Küchen ausgeprägt haben. Westgujarat ist ein Trockengebiet, wo kaum frisches Gemüse wächst, dafür aber jede Menge Milcherzeugnisse produziert werden. So ist es auch zu erklären, dass hier traditionell viele Leckereien und Desserts aus Milch und Joghurt hergestellt werden. Zentralgujarat wird wegen seiner flächendeckenden Getreideanbaugebiete nur die „Kornkammer" genannt. Das feuchte Klima des südlichen Gujarats macht es zu einem grünen Paradies mit einem wahren Sortenreichtum an frischem Gemüse.

Im großen Maharashtra wird feurig gegessen, da mit großer Vorliebe Chilis und schwarzer Pfeffer ihren Weg in den Kochtopf finden. Erdnüsse und Cashewkerne sind eine weitere kulinarische Besonderheit und nur selten wird ohne Erdnussöl gekocht. Außerdem sind die Menschen hier echte Naschkatzen und sie lieben Palmzucker (Jaggery) und Kokum, eine violette, beerenartige Frucht mit angenehm süßsaurem Geschmack. Mumbai (Bombay) ist die Hauptstadt Maharashtras und wird im Volksmund „das Tor nach Indien" genannt. Diese Metropole ist historisch und kosmopolitisch zugleich, und hier wird einfach alles gekocht. Die vielen ethnischen Gruppen, die Mumbai ihr Zuhause nennen, haben die Stadt zu einem Nirwana für Gourmets gemacht. Es ist vielleicht der einzige Ort in Indien, an dem man das komplette Geschmacksuniversum Indiens und dazu noch viele fremdländische Aromen kosten kann. Zuletzt wurde Mumbai von der Filmindustrie „Bollywoods" eingenommen, und mit ihr kamen jede Menge Trubel und ein Faible für Kunst und Kultur in die Stadt.

Das kleine Goa am südlichsten Zipfel Westindiens wurde der Reihe nach von Hindus, Muslimen, portugiesischen Christen und Briten regiert. Auch der portugiesische Forscher Vasco da Gama erlag der Verlockung der indischen Gewürze und Kunstfertigkeiten, und so errichteten sich die Portugiesen ein östliches Reich um Goa herum. Obwohl lokale Zutaten wie Fisch und Kokosnuss die kulinarische Grundlage Goas bilden, spiegeln sich in der hiesigen Küche auch Einflüsse der europäischen Kultur wider. Der Ausdruck „Vindaloo" entwickelte sich beispielsweise aus den portugiesischen Worten für Essig und Knoblauch.

Akoori

Würziges Rührei

Wenn Sie ein Frühstück brauchen, dass Sie richtig wach macht, greifen Sie zu diesem Rezept. Mit indischem Brot oder mit einem Buttertoast serviert ist es einfach köstlich und kann auch als Garnierung für Canapés genutzt werden, denn es passt hervorragend zu gekühltem Weiß- oder Roséwein. Das Rezept stammt von einer kleinen Volksgruppe im Westen, die aufgrund ihrer persischen Wurzeln „Parsees" genannt werden.

1 Das Öl bei mittlerer Hitze in einer großen Bratpfanne erhitzen und die Zwiebeln, die Chilis und den Ingwer darin 5–6 Minuten anbraten, bis die Zwiebeln weich sind.

2 Kurkuma und Tomaten zugeben, 1 Minute mitbraten, dann den Koriander und das Salz hinzufügen.

3 Das Ei unterrühren und backen, bis es die gewünschte Konsistenz erreicht hat. Indisches Rührei ist etwas trockener als die westliche Variante, wer es gern etwas saftiger mag, sollte 1 Esslöffel Milch zugeben.

4 Mit einem der indischen Brote dieses Buches servieren oder knuspriges Toastbrot dazureichen.

Ergibt 4 Portionen

3 EL Sonnenblumen- oder Olivenöl

1 große Zwiebel, fein gehackt

1–2 grüne Chilischoten, fein gehackt

1 TL Ingwerpüree

½ TL gemahlene Kurkuma

2 große Tomaten, fein gehackt

1 EL frisch gehackter Koriander

½ TL Salz

4 große Eier, verquirlt

NÄHRWERT JE PORTION: 203 kcal – 843 kJ – 8,4 g Protein – 10,8 g Kohlenhydrate, davon 7,2 g Zucker – 14,6 g Fett, davon 2,7 g gesättigte Fettsäuren – 190 mg Cholesterin – 64 mg Kalzium – 1,9 g Ballaststoffe – 79 mg Natrium

Ergibt 12 Stück

2 Scheiben Weißbrot, 2 Tage alt

400 g gekochte, geschälte Garnelen

3 EL Sonnenblumenöl

1 EL Fenchelsamen

1 große Zwiebel, fein gehackt

2 grüne Chilischoten, fein gehackt

2 TL Ingwerpüree

½ TL Garam Masala

2 EL frisch gehackter Koriander

Salz nach Geschmack

2½ EL Mehl

1 Ei, verquirlt

75 g Semmelbrösel

Öl zum Frittieren

NÄHRWERT JE PORTION: 165 kcal – 688 kJ – 8,1 g Protein – 11,2 g Kohlenhydrate, davon 2,2 g Zucker – 10,1 g Fett, davon 1,2 g gesättigte Fettsäuren – 81 mg Cholesterin – 53 mg Kalzium – 0,7 g Ballaststoffe – 139 mg Natrium

Rissóis de Camrao

Garnelenküchlein

Dieses portugiesisch angehauchte Rezept stammt aus Goa, wo Fisch und Meeresfrüchte täglich frisch auf den Tisch kommen. Kleine, gefrorene Garnelen eignen sich ideal für dieses Rezept, denn sie werden fein gehackt und mit den verschiedensten Gewürzen zu einer feinen Masse verarbeitet. Mit einem grünen Salat und erfrischenden Zitronenspalten servieren.

1 Das Brot in kaltem Wasser einweichen, dann ausdrücken und in einen Mixer geben. Darin zu einer glatten Masse verarbeiten, die Garnelen zugeben und grob zerhacken. Die Mischung in eine große Rührschüssel umfüllen.

2 Das Öl bei mittlerer Hitze in einer kleinen Pfanne erhitzen und die Fenchelsamen darin 30 Sekunden anbraten. Zwiebeln, Chilis und Ingwer zugeben und braten, bis die Mischung zu bräunen beginnt, dann das Garam Masala unterrühren. In die Rührschüssel zu den Garnelen geben und mit dem Koriander und etwas Salz gründlich unterheben. Die Schüssel abdecken und 30–40 Minuten kühl stellen.

3 Aus der Mischung 12 Bällchen formen und diese dann etwas flach drücken. Die Küchlein erst in Mehl, dann in Milch und zuletzt in Semmelbröseln wenden.

4 Das Öl in einem Wok bei mittlerer Hitze heiß werden lassen und die Küchlein portionsweise darin knusprig und goldbraun ausbacken. Auf Küchenpapier abtropfen lassen und heiß servieren.

Camrao de Caldeen

Garnelencurry nach Goa-Art

Es ist nicht sonderlich überraschend, dass sich in Goa eine vorzüg-liche Fisch- und Meeresfrücheküche entwickelte. Entlang des fruchtbaren Küstenstreifens finden sich auch üppige Reisfelder, riesige Kokospalmen und prächtige Cashewbäume. In den Rezepten der goanischen Küche wird vor allem Chili großzügig eingesetzt, aber auch Kokosmilch und Palmessig sind beliebte Zutaten. Dieses Curry sollte mit Basmatireis serviert werden.

1 Die Garnelen in eine nichtmetallene Schüssel geben und mit Salz und Essig vermengen. Für 10–15 Minuten beiseitestellen.

2 Das Öl in einer Pfanne erhitzen und die Zwiebeln darin bei mittlerer Hitze glasig dünsten.

3 Ingwer und Knoblauch zugeben und 2 Minuten bei geringer Hitze mitbraten. Darauf ach-ten, dass die Zutaten in der Pfanne nur leicht bräunen und nicht verbrennen.

4 Kreuzkümmel, Koriander, Kurkuma, Chilipulver und schwarzen Pfeffer in einer Schüssel mit 2 Esslöffeln Wasser verrühren.

5 Diese Mischung unter die Zwiebeln heben und unter Rühren etwa 4–5 Minuten kochen, bis die Flüssigkeit aufgenommen wurde und sich das Öl von den Gewürzen zu trennen beginnt.

6 Mit 200 Millilitern warmem Wasser aufgießen, dann die gewürfelte Kokoscreme klümp-chenfrei unterrühren. Mit Salz abschmecken.

7 Die Garnelen mit ihrer Marinade zugeben, alles einmal aufkochen, die Hitze reduzieren und 5–7 Minuten köcheln lassen. Wenn die Garnelen sich krümmen, sind sie gar.

8 Die frischen Chilischoten einrühren und nochmals 2–3 Minuten weiterkochen. Koriander unterheben und mit Basmatireis servieren.

Ergibt 4 Portionen

500 g geschälte Riesengarnelen
½ TL Salz
2 EL Palm- oder Apfelessig
4 EL Sonnenblumenöl
1 große Zwiebel, fein gehackt
2 TL Ingwerpüree
2 TL Knoblauchpüree
½ TL gemahlener Kreuzkümmel
1 TL gemahlener Koriander
½ TL gemahlene Kurkuma
½ TL Chilipulver
½ TL gemahlener schwarzer Pfeffer
75 g ungesüßte Kokospaste, klein gewürfelt
4 grüne Chilischoten
2 EL frisch gehackter Koriander

NÄHRWERT JE PORTION: 171 kcal – 723 kJ – 21,9 g Protein – 10 g Kohlenhydrate, davon 7,4 g Zucker – 5,3 g Fett, davon 2,5 g gesättigte Fettsäuren – 227 mg Cholesterin – 136 mg Kalzium – 1 g Ballaststoffe – 344 mg Natrium

Crab Xec Xec
Krabbe in Kokossauce

In Indien werden die Krabben (eine Krebsart) für dieses Gericht noch lebend zerlegt und dann gegart. Diese recht brutale Methode ist in Deutschland verboten. Sie sollten entweder schon gekochtes Krebsfleisch kaufen und nach Karkassen bei Ihrem Fischhändler fragen oder lebende Krabben kopfüber in sprudelnd kochendes Wasser geben. So sterben sie einen kurzen und schmerzlosen Tod.
Es ist ein sehr scharfes Curry, man kann den Schärfegrad aber durch eine Verminderung der Anzahl an grünen Chilischoten lenken.

Ergibt 4 Portionen

800 g gekochtes Krebsfleisch

400 g Krustentierkarkassen (Scheren und Panzer)

75 g ungesüßte Kokosraspel

3 Nelken

10 schwarze Pfefferkörner

5–6 getrocknete rote Chilischoten

1 EL Koriandersamen

1 EL Kreuzkümmelsamen

3 EL Sonnenblumenöl

1 große Zwiebel, fein gewürfelt

1 TL Ingwerpüree

1 TL Knoblauchpüree

1–2 grüne Chilischoten, fein gehackt

½ TL gemahlene Kurkuma

¾ TL Salz

1½ EL Tamarindensaft

Tipp

Krebsfleisch bekommt man das ganz Jahr über, besonders gut schmeckt es aber von April bis Dezember.

NÄHRWERT JE PORTION: 295 kcal – 1223 kJ – 11,4 g Protein – 11,7 g Kohlenhydrate, davon 6,8 g Zucker – 23,1 g Fett, davon 11,2 g gesättigte Fettsäuren – 22 mg Cholesterin – 55 mg Kalzium – 4 g Ballaststoffe – 648 mg Natrium

1 Das Krebsfleisch kurz abbrausen und mit Küchenpapier trocken tupfen. Die Karkassen waschen und gründlich säubern.

2 In einer schweren Pfanne die Kokosraspel ohne die Zugabe von Fett bei geringer Hitze rösten, dabei ständig rühren, bis die Kokosraspel goldbraun sind. Darauf achten, dass sie nicht zu dunkel werden. Die Kokosraspel dann auf einen Teller geben und zum Abkühlen beiseitestellen. Die Pfanne mit Küchenpapier sauber reiben.

3 Als Nächstes Nelken, Pfefferkörner, getrocknete rote Chilis, Koriander- und Kreuzkümmelsamen ohne Zugabe von Fett in der Pfanne etwa 1 Minute rösten. Aus der Pfanne nehmen und ebenfalls auf einem Teller beiseitestellen.

4 Die Kokosraspel mit den Gewürzen in einer Gewürzmühle, einem Mixer oder dem Mörser gegebenenfalls portionsweise fein mahlen und beiseitestellen. Das Öl bei mittlerer Hitze erwärmen und die Zwiebeln, den Ingwer, den Knoblauch und die grünen Chilis für 8–10 Minuten darin goldbraun anbraten.

5 Kurkuma, Karkassen sowie das Salz zugeben, mit 350 Millilitern warmem Wasser aufgießen und die gemahlenen Gewürzen unterrühren. Für 4–5 Minuten sanft köcheln lassen, dann das Krebsfleisch hinzufügen und weitere 2–3 Minuten köcheln.

6 Tamarinden- oder Zitronensaft einrühren, 1 Minute kochen und vom Herd nehmen. Mit Basmatireis servieren.

Murgh Kolhapuri
Feuriges Hühnchen aus Kolhapur

Dieses extrem scharfe Curry stammt aus Kolhapur, einer kleinen Stadt im Bundesstaat Maharashtra. Die große Menge an Chilischoten und anderen scharfen Gewürzen wie Nelken und Pfefferkörnern wird durch die feine Süße der Zwiebeln, die Frische des Joghurts und die Knackigkeit der Kokosnuss perfekt ausbalanciert. Für weniger Schärfe sollten Sie die Zugabe an scharfen Zutaten reduzieren und mehr Kokos und Joghurt verwenden.

1 Die Haut der Schlegel entfernen und die Schlegel an den Gelenken teilen. Das Bruststück einmal durchschneiden.

2 Den Joghurt in einer großen Rührschüssel mit dem Kichererbsenmehl, Kurkuma und Salz gründlich verquirlen. Die Fleischstücke hineingeben und alles mischen, sodass sie komplett überzogen sind. Für 1 Stunde beiseitestellen.

3 Die Kokosraspel in einer kleinen Pfanne ohne die Zugabe von Fett goldbraun rösten. Auf einem Teller abkühlen lassen und in einer Gewürzmühle oder dem Mörser sehr fein vermahlen. Die Zwiebeln, den Ingwer und den Knoblauch fein pürieren.

4 Das Öl bei geringer Hitze in einer Pfanne erhitzen. Zimt, Kardamom und Nelken dazugeben und braten, bis die Kardamomkapseln aufplatzen. Die pürierte Zwiebel-Ingwer-Knoblauch-Mischung nach und nach dazugeben, die Hitze erhöhen und unter Rühren bräunen.

5 Chilipulver und schwarzen Pfeffer einrühren und 2–3 Minuten mitbraten. Gegebenenfalls 1 Esslöffel Wasser hinzufügen, wenn die Mischung zu trocken ist.

6 Die Fleischstücke in die Pfanne geben und bei großer Hitze Farbe annehmen lassen. Die Tomaten und 200 Milliliter warmes Wasser unterrühren, einmal aufkochen, die Hitze stark reduzieren und den Deckel aufsetzen. Köcheln lassen, bis das Fleisch komplett durchgegart und zart ist.

7 Die Kokosraspel unterheben, noch einmal 4–5 Minuten weitergaren, dann das Garam Masala und den Koriander einrühren und vom Herd nehmen. Mit den Tomaten- und Chilistreifen garnieren und zu Basmatireis servieren.

Ergibt 4 Portionen

- 1 kg Hähnchenschlegel
- 120 g Naturjoghurt
- 2 EL Kichererbsenmehl
- 1 TL gemahlene Kurkuma
- 1 TL Salz
- 25 g ungesüßte Kokosraspel
- 1 große Zwiebel, grob gehackt
- 2,5 cm frischer Ingwer, gehackt
- 5 große Knoblauchzehen, grob gehackt
- 4 EL Sonnenblumenöl
- 1 Zimtstange, halbiert
- 6 grüne Kardamomkapseln, angedrückt
- 6 Nelken
- 1–2 TL Chilipulver
- ½ TL schwarzer Pfeffer
- 120 g stückige Tomaten aus der Dose
- ½ TL Garam Masala
- 1 EL frisch gehackter Koriander
- 1 kleine Tomate, entkernt und in feinste Streifen geschnitten
- 1–2 grüne Chilischoten, entkernt und in feinste Streifen geschnitten

NÄHRWERT JE PORTION: 605 kcal – 2508 kJ – 37,8 g Protein – 13,8 g Kohlenhydrate, davon 8,9 g Zucker – 44,7 g Fett, davon 13,2 g gesättigte Fettsäuren – 176,2 mg Cholesterin – 107,8 mg Kalzium – 2,5 g Ballaststoffe – 170 mg Natrium

Batair Mussallam
Gefüllte Wachteln

Ergibt 4 Portionen

4 Wachteln

Für die Füllung:

50 g Paneer, gerieben

20 g kernlose Rosinen

2 getrocknete Aprikosen, fein gehackt

1 TL Ingwerpüree

1–2 grüne Chilischoten, fein gehackt

1 EL frisch gehackter Koriander

¼ TL Salz

1 EL Creme double

Für die Sauce:

1 EL Koriandersamen

2–3 getrocknete rote Chilischoten

2 EL weiße Mohnsamen

1 EL Sesamsamen

½ Muskatblüte

¼ TL gemahlene Kurkuma

3 EL Sonnenblumenöl

4 grüne Kardamomkapseln, angedrückt

½ Zimtstange

1 mittlere Zwiebel, fein gehackt

2 TL Ingwerpüree

2 TL Knoblauchpüree

120 g Naturjoghurt

Im Bundesstaat Rajasthan wird größtenteils vegetarisch gegessen, aber die früheren Mughal-Herrscher liebten die Jagd, und so kreierten deren Köche auch viele Wildgerichte. Dieses Rezept folgt den Traditionen der Mughal: Die Füllung besteht aus geriebenem indischen Käse, Paneer, getrockneten Aprikosen, Chilis und Gewürzen. Die gefüllten Vögel garen dann sanft in einer aromatischen Sauce.

1 Die Wachteln innen und außen gründlich säubern und die Haut mehrfach einritzen, um eine optimale Aufnahme der Aromen zu ermöglichen.

2 Die Zutaten der Füllung miteinander vermischen und die Vögel damit stopfen. Mit Zahnstochern verschließen.

3 Für die Sauce Koriander, rote Chilis, Mohn- und Sesamsamen und die Muskatblüte in einer Gewürzmühle oder dem Mörser fein mahlen. In eine Schüssel geben und mit der Kurkuma vermischen.

4 Das Öl bei geringer Hitze in einer Pfanne erhitzen und den Kardamom sowie den Zimt darin anbraten, bis die Kardamomkapseln aufplatzen. Zwiebeln, Ingwer und Knoblauch dazugeben und in 5–6 Minuten weich braten. Dabei ständig rühren.

5 Die gemahlenen Gewürze unterrühren. Nach 1 Minute Joghurt und Kichererbsenmehl miteinander vermischen und unterheben. Salzen, 2–3 Minuten weiterkochen, dann mit 120 Millilitern warmem Wasser aufgießen und alles gründlich mischen.

6 Die gefüllten Wachteln hineingeben und hin und her wenden, sodass sie komplett mit der Sauce überzogen sind, und mit der Brustseite nach unten dicht an dicht anordnen.

7 Mit einem Stück Backpapier abdecken, das Papier sollte die Vögel jedoch nicht berühren, und den Deckel aufsetzen. Für 20 Minuten bei sehr geringer Hitze köcheln lassen.

8 Den Deckel entfernen, die Wachteln wenden und wie zuvor mit Backpapier und dem Deckel abgedeckt nochmals 20 Minuten köcheln lassen. Wenn die Fleischsäfte beim Anstechen mit einer Gabel klar austreten, sind die Vögel perfekt, ansonsten noch einmal einige Minuten garen lassen. Mit Naan oder Paratha servieren.

NÄHRWERT JE PORTION: 378 kcal – 1581 kJ – 25 g Protein – 18,8 g Kohlenhydrate, davon 9,1 g Zucker – 23,6 g Fett, davon 6,4 g gesättigte Fettsäuren – 97 mg Cholesterin – 194 mg Kalzium – 1,9 g Ballaststoffe – 144 mg Natrium

Vindaloo
Schweinefleisch in Knoblauch und Essig

Vindaloo ist wohl Goas typischstes und berühmtestes Gericht, das auf die Portugiesen zurückgeht, die Essig (vin) und Knoblauch (alhoo) in Indien einführten. Es ist ein aromatisches, gut gewürztes und wohlschmeckendes Essen, das mehr zu bieten hat, als die feurige Schärfe, für die es berühmt ist. Als Beilage sollte man Basmatireis oder Naan reichen.

1 Die Chilis 10–15 Minuten in heißem Wasser einweichen. Mit Ingwer, Knoblauch, Essig und Tamarinden- oder Zitronensaft zu einem weichen Püree vermixen.

2 Kreuzkümmel, Koriander, Nelken, Zimt, Pfefferkörner, Muskatblüte, Kardamom und Bockshornkleesamen in der Gewürzmühle oder dem Mörser zu feinem Puder vermahlen. Mit den pürierten Gewürzen zu einer feinen Paste verrühren. Etwa ein Viertel dieser Paste in das Fleisch einarbeiten und für 30 Minuten beiseitestellen.

3 Das Öl in einer schweren Pfanne bei mittlerer Hitze heiß werden lassen und die Zwiebeln darin 8–10 Minuten goldbraun anbraten, dabei ständig rühren. Die übrige Gewürzpaste hinzugeben und 5–6 Minuten unter Rühren mitbraten. Ab und an mit etwas Wasser beträufeln, falls die Gewürze am Pfannenboden kleben bleiben.

4 Das marinierte Fleisch in die Pfanne geben und 5–6 Minuten anbraten. Salz und Zucker darüberstreuen und mit 250 Millilitern warmem Wasser aufgießen. Einmal aufkochen, die Hitze reduzieren und köcheln lassen, bis das Fleisch zart ist.

5 Für das Gewürzöl eine kleine Pfanne mit dem Öl erhitzen, dann den Herd abschalten und die Curryblätter ins Öl geben.

6 Die Curryblätter im Öl 15–20 Sekunden brutzeln lassen, dann nur das Öl über das Vindaloo träufeln. Mit Basmatireis und Naan servieren.

Ergibt 4 Portionen

2–6 getrocknete rote Chilischoten

1 TL Ingwerpüree

1 TL Knoblauchpüree

120 ml Apfelessig

1 EL Tamarinden- oder Zitronensaft

1 TL Kreuzkümmelsamen

1 TL Koriandersamen

6 Nelken

1 Zimtstange, zerbrochen

8–10 schwarze Pfefferkörner

1 Muskatblüte

Samen von 2 Kardamomkapseln

¼ TL Bockshornkleesamen

700 g Schweinehüftsteak, in 2,5 cm große Würfel geschnitten

4 EL Öl

2 große Zwiebeln, fein gewürfelt

1 TL Salz

1 TL weicher brauner Zucker

Für das Gewürzöl:

2 TL Sonnenblumenöl

8–10 Curryblätter

NÄHRWERT JE PORTION: 419 kcal – 1728 kJ – 41,5 g Protein – 19,4 g Kohlenhydrate, davon 11 g Zucker – 19,7 g Fett, davon 3,8 g gesättigte Fettsäuren – 110,3 mg Cholesterin – 76 mg Kalzium – 2,7 g Ballaststoffe – 132 mg Natrium

Dhansak
Lamm mit Linsen und Gemüse

Gujarat ist die Heimat dieses pikanten Gerichts. Dorthin flohen die alten Perser aus dem heutigen Iran als Erstes und beeinflussten sehr stark die hiesige Küche. In diesem Rezept wird Lamm scharf angebraten und dann in einer delikaten Sauce mit vielen frisch gemahlenen Gewürzen geschmort. Die Linsen und das Gemüse werden separat zubereitet und erst zum Servieren mit dem Lamm vermengt. Als Beilage empfiehlt sich Basmatireis.

Ergibt 4 Portionen

Für das Lamm:

3 EL Sonnenblumenöl

1 große Zwiebel, fein gewürfelt

2 TL Ingwerpüree

2 TL Knoblauchpüree

1 TL Koriandersamen

1 TL Kreuzkümmelsamen

4 grüne Kardamomkapseln

½ Zimtstange, zerbrochen

10–12 schwarze Pfefferkörner

2 Lorbeerblätter

5–6 Bockshornkleesamen

½ TL schwarze Senfsamen

1 TL Chilipulver

700 g entbeinte Lammkeule, in 2,5 cm große Würfel geschnitten

150 g stückige Tomaten in der Dose

1 TL Salz

Für die Linsen und das Gemüse:

75 g gespaltene gelbe Linsen

75 g gespaltene rote Linsen

2 EL Sonnenblumenöl

1 mittelgroße Zwiebel, fein gewürfelt

2 grüne Chilischoten, gehackt

1 TL gemahlene Kurkuma

1 kleine Aubergine, in 5 cm große Stücke geschnitten

1 TL Salz

2 EL Tamarinden- oder Zitronensaft

1 EL frisch gehackter Koriander

1 Das Öl bei mittlerer Hitze in einer schweren Pfanne erhitzen und die Zwiebeln darin glasig andünsten. Ingwer und Knoblauch unterrühren und bräunen. Darauf achten, dass die Mischung nicht zu dunkel wird oder zu rauchen beginnt.

2 Koriander, Kreuzkümmel, Kardamom, Zimtstange, Pfefferkörner, Lorbeerblätter, Bockshornklee und Senfsamen in einer Gewürzmühle oder dem Mixer fein mahlen. Das Chilipulver und die gemahlenen Gewürze unter die Zwiebelmischung rühren, 2 Minuten braten, dann das Fleisch zugeben.

3 Währenddessen beide Sorten Linsen gründlich waschen und abtropfen lassen.

4 Das Öl in einer mittelgroßen Pfanne erhitzen und die Zwiebeln und die Chilis bei mittlerer Hitze 8–9 Minuten anbraten, bis sie gut gebräunt sind. Kurkuma, Linsen und Aubergine zugeben, die Hitze reduzieren und unter Rühren 1–2 Minuten mitbraten.

5 Mit 600 Millilitern warmem Wasser aufgießen, aufkochen, die Hitze stark reduzieren und alles 20–25 Minuten unter gelegentlichem Rühren köcheln lassen. Anschließend salzen, die Pfanne vom Herd nehmen und leicht abkühlen lassen. Die Mischung durch ein Sieb streichen und alle groben Stücke im Sieb entfernen.

6 Tamarinden- oder Zitronensaft unter die Linsen rühren und diese Mischung dann zum Lamm geben. Nochmals 15–20 Minuten köcheln lassen, dabei ab und zu umrühren, sodass die Linsen nicht am Boden kleben bleiben und eventuell anbrennen. Den gehackten Koriander unterheben und mit Basmatireis servieren.

NÄHRWERT JE PORTION: 470 kcal – 1970 kJ – 32,7 g Protein – 36,5 g Kohlenhydrate, davon 9 g Zucker – 22,7 g Fett, davon 7,1 g gesättigte Fettsäuren – 85,5 mg Cholesterin – 106 mg Kalzium – 4,8 g Ballaststoffe – 133 mg Natrium

Kela Na Sambhariya
Würzig gefüllte Bananen

Das Rezept für dieses ungewöhnliche vegetarische Gericht stammt aus Gujarat und ist so einfach und schnell zuzubereiten, dass auch Überraschungsgäste kein Problem sind. In Kombination mit einem Linsengericht oder einem Gemüsecurry und Basmatireis ergibt es ein gesundes und ausgewogenes Hauptgericht.

1 Bananen waschen und die Enden beschneiden. Jede Banane längs aufschneiden, dabei an jedem Ende 2,5 Zentimeter unbeschnitten lassen. Darauf achten, dass man die Banane nicht ganz durchtrennt, sondern nur etwa zur Hälfte einschneidet.

2 In einer kleinen, schweren Pfanne das Kichererbsenmehl ohne Zugabe von Fett anrösten. Nach 1 Minute unter ständigem Rühren bei mittlerer Hitze die Gewürze und die Chilis einrühren und 1 Minute mitbraten. Vom Herd nehmen und zum Abkühlen beiseitestellen. Koriander unterheben und mit Salz abschmecken.

3 Den Backofen auf 180 °C vorheizen. Die vorbereiteten Bananen sanft auseinanderdrücken und mit der Mehlmischung prall befüllen.

4 Das Öl in einer großen, flachen, ofenfesten Pfanne erhitzen. Die gefüllten Bananen mit der Öffnung nach oben in das heiße Öl geben, die Hitze reduzieren, den Deckel auflegen und 2 Minuten braten. Den Deckel abnehmen und etwas von dem heißen Öl auf die Füllung löffeln und dabei leicht andrücken.

5 Die Pfanne in den Ofen schieben und 12–15 Minuten backen. Ein- bis zweimal mit Öl begießen. Mit Basmatireis servieren.

Ergibt 4 Portionen

4 feste, reife Bio-Bananen

50 g Kichererbsenmehl, gesiebt

½ TL gemahlener Kreuzkümmel

1 TL gemahlener Koriander

1 grüne Chilischote, fein gehackt und, falls gewünscht, entkernt

1 rote Chilischote, fein gehackt und, falls gewünscht, entkernt

1 EL frisch gehackter Koriander

½ TL Salz

4 EL Sonnenblumenöl

NÄHRWERT JE PORTION: 268 kcal – 1122 kJ – 3,1 g Protein – 39,6 g Kohlenhydrate, davon 26,3 g Zucker – 11,9 g Fett, davon 1,5 g gesättigte Fettsäuren – 0 mg Cholesterin – 30 mg Kalzium – 1,8 g Ballaststoffe – 3 mg Natrium.

Ergibt 8 Portionen

je 1 rote, gelbe und grüne Paprika-
schote à 150 g

200 g Kartoffeln, in 2,5 cm große Würfel
geschnitten

1 EL Sesamsamen

1 EL Mohnsamen

2 TL gelbe Linsen

10 schwarze Pfefferkörner

1 getrocknete rote Chilischote, zerpflückt

3 EL Sonnenblumenöl

½ TL schwarze Senfsamen

½ TL Kreuzkümmelsamen

½ TL gemahlene Kurkuma

50 g ungesalzene Cashewkerne

1 TL Salz

1½ EL Zitronensaft

1 EL weicher brauner Zucker

NÄHRWERT JE PORTION: 146 kcal – 607 kJ – 3,45 g
Protein – 9,5 g Kohlenhydrate, davon 4 g Zucker – 10,8 g
Fett, davon 1,6 g gesättigte Fettsäuren – 0 mg Cholesterin
– 45 mg Kalzium – 1,8 g Ballaststoffe – 24,8 mg Natrium

Kairas

Paprikagemüse mit Cashewkernen

Für dieses Gericht nutzt man die ganze Farbpalette der Paprikascho-
ten: gelb, rot, grün und orange. Sie liegen in einer dicken, sämigen
Sauce mit dem nussigen Geschmack von Sesam- und Mohnsamen
und den erdigen Noten des Chana Dal. Die Cashewkerne geben dem
Gericht einen knackigen Biss.

1 Das Kerngehäuse der Paprika entfernen und die Schoten in etwa 2,5 Zentimeter große
Würfel schneiden.

2 In einem Topf 300 Milliliter Wasser aufkochen und die Kartoffelwürfel darin zugedeckt in
5–6 Minuten garen. Mit einem Schaumlöffel herausnehmen, auf Küchenpapier abtropfen
lassen und die Kochflüssigkeit aufbewahren.

3 Sesam- und Mohnsamen mit den Linsen, den Pfefferkörnern und dem Chili in einer
Gewürzmühle oder im Mörser fein zermahlen.

4 Das Öl erhitzen und die Senfsamen und den Kreuzkümmel zugeben. Die gemahlenen
Gewürze, das Kurkuma und die Cashewkerne einrühren. Unter Rühren 30–40 Sekunden braten, dann die Paprikastücke und das Salz dazugeben.

5 Die Kartoffeln und das Kochwasser hinzufügen und mit 150 Millilitern warmem Wasser
aufgießen. Etwa 3–4 Minuten kochen, dann den Zitronensaft und den Zucker unterrühren.
Nochmals 2–3 Minuten köcheln lassen, sodass sich der Zucker aufgelöst hat, und mit
Basmatireis servieren.

Brinjal Achar

Auberginen-Pickle

Der wichtigste Schritt bei der Zubereitung dieses würzigen Pickles ist, die Flüssigkeit gründlich aus den Auberginen zu ziehen, bevor sie in das aromatisierte Öl eingelegt werden. Dafür werden die Auberginen gesalzen und 6–7 Stunden, besser über Nacht, beiseitegestellt. Köstlich schmeckt das Pickle zu den verschiedensten Snacks.

1 Die Aubergine waschen, den grünen Strunk entfernen und in gleichmäßige Würfel schneiden. Mit Salz bestreuen und gut mischen. Die gesalzenen Würfel in ein Musselintuch geben und das Tuch in ein Sieb über eine Schüssel setzen. Das Tuch mit einem Knoten verschließen, mit einem sauberen Gegenstand beschweren und mindestens 6–7 Stunden beiseitestellen.

2 Das Pflanzenöl bei mittlerer Hitze in einer Pfanne erhitzen und Asant, Knoblauch und Ingwer darin 1 Minute anbraten.

3 Senf-, Bockshornklee- und Kreuzkümmelsamen mahlen und zu den anderen Gewürzen in die Pfanne geben. Unter Rühren 2 Minuten mitbraten, dann den Zucker, das Salz, den Essig und die Auberginenwürfel hinzugeben. Gut umrühren und 20–25 Minuten köcheln lassen, bis die Auberginen weich sind. Komplett abkühlen lassen und in ein sterilisiertes Glas füllen. Vakuumdicht verschließen und 12–14 Tage ziehen lassen, bevor es serviert wird.

Ergibt 350–400 Gramm

1 große Aubergine (ca. 400 g)

1 EL Salz

120 ml Pflanzenöl

½ TL gemahlener Asant

10 Knoblauchzehen, zerdrückt

5 cm frischer Ingwer, gerieben

1 TL Senfsamen

1 TL Bockshornkleesamen

1½ TL Kreuzkümmelsamen

2 EL Zucker

2 gestr. EL Salz

175 ml Weißweinessig

NÄHRWERT JE PORTION: 870 kcal – 3609 kJ – 9,1 g Protein – 46,7 g Kohlenhydrate, davon 34,8 g Zucker – 73,7 g Fett, davon 8 g gesättigte Fettsäuren – 0 mg Cholesterin – 89 mg Kalzium – 9,6 g Ballaststoffe – 3946 mg Natrium

Ergibt 4–5 Portionen

275 g Basmatireis

4 EL Sonnenblumenöl

4 EL Zucker

1 TL Kreuzkümmelsamen

½ Zimtstange

4 Kardamomkapseln, aufgebrochen

6 Nelken

10 schwarze Pfefferkörner

1 TL Salz

Peela Bhat

Karamellisierter Basmatireis

Karamellisierter Basmatireis begleitet traditionell Dhansak (siehe Seite 151), passt aber dank seines milden, leicht süßlichen Geschmacks zu fast jedem Curry.

1 Den Reis zwei- bis dreimal in kaltem Wasser waschen, dann in kaltem Wasser einweichen und für 20 Minuten beiseitestellen. Anschließend in einem feinen Sieb abtropfen lassen.

2 Das Öl bei mittlerer Hitze in einem großen Topf erhitzen und den Zucker darin bräunen. Sofort die ganzen Gewürze und die anderen Zutaten mit Ausnahme des Salzes zugeben, aber nicht umrühren. Für 15–20 Sekunden anbraten.

3 Den Reis und das Salz zugeben, 2–3 Minuten unter Rühren mitbraten, dann mit 600 Millilitern warmem Wasser aufgießen. Aufkochen und gleichmäßig 1 Minute köcheln lassen. Den Deckel aufsetzen, die Hitze reduzieren und 10 Minuten köcheln lassen, ohne den Deckel anzuheben.

4 Den Topf vom Herd nehmen und 10 Minuten ungestört nachgaren lassen.

5 Mit einer Gabel auflockern und zu Fleischcurrys, vegetarischen Hauptgerichten oder Fisch-Kormas servieren.

NÄHRWERT JE PORTION: 324 kcal – 1353 kJ – 4,1 g Protein – 56,4 g Kohlenhydrate, davon 12,5 g Zucker – 9,1 g Fett, davon 1,1 g gesättigte Fettsäuren – 0 mg Cholesterin – 17 mg Kalzium – 0 g Ballaststoffe – 1 mg Natrium

Filoss

Frittierte Bananen

Diese knusprigen Bananen sind ein wundervolles Dessert aus Goa und sollten am besten mit einem ordentlichen Löffel Schlagsahne oder Vanilleeis serviert werden. Die Süße und das Fruchtige der Glasur runden ein Essen mit vielen scharfen Aromen schön ab.

Ergibt 4 Portionen

1 EL Mandelblättchen

4 große Bananen

1 EL Zitronensaft

150 g Mehl

½ TL frisch gemahlene Muskatnuss

½ TL gemahlener Kardamom

½ TL gemahlener Zimt

2–3 EL brauner Zucker

½ TL Salz

2 Eier

120 ml Milch

Öl zum Frittieren

1 EL Brandy (optional)

25 g Aprikosenmarmelade

1 Die Mandelblättchen in einer flachen Pfanne ohne die Zugabe von Fett 10–15 Sekunden anrösten. Wenn die Mandeln beginnen zu bräunen, vom Herd nehmen und auf einem Teller zum Abkühlen beiseitestellen.

2 Die Bananen in grobe Stücke schneiden und mit dem Zitronensaft vermengen.

3 Das Mehl mit den Gewürzen, dem Zucker und dem Salz in eine große Rührschüssel geben, gut vermischen und die Bananen unterheben.

4 Die Eier verquirlen und die Milch nach und nach unterrühren. Die Ei-Milch-Mischung zu den Bananen geben und gründlich, aber vorsichtig, vermischen. Die Bananen sollten vollständig mit dem Teig überzogen sein.

5 Das Öl bei mittlerer Hitze in einer Pfanne oder einem Wok erhitzen und die Bananen darin portionsweise ausbacken. Auf Küchenpapier abtropfen lassen.

6 Die Aprikosenmarmelade in einem kleinen Topf erhitzen und anschließend durch ein feines Sieb streichen. Die frittierten Bananen auf eine Servierplatte geben und mit der Aprikosenmarmelade bestreichen.

7 Mit Schlagsahne und gerösteten Mandelblättchen garniert servieren. Alternativ kann man auch Vanilleeis dazu reichen.

NÄHRWERT JE PORTION: 522 kcal – 2199 kJ – 9,6 g Protein – 72,3 g Kohlenhydrate, davon 40 g Zucker – 23,7 g Fett, davon 3,3 g gesättigte Fettsäuren – 97 mg Cholesterin – 122 mg Kalzium – 2,6 g Ballaststoffe – 56 mg Natrium

Register